La Censure en 1820 et 1821

PARIS

Éditeur

LA CENSURE EN 1820 ET 1821

BIBLIOTHÈQUE D'HISTOIRE MODERNE
— 14 —

LA CENSURE

EN 1820 ET 1821

ÉTUDE SUR LA PRESSE POLITIQUE ET LA RÉSISTANCE LIBÉRALE

PAR

Albert CRÉMIEUX
Agrégé d'Histoire et Géographie
DOCTEUR ÈS LETTRES

PARIS
ÉDOUARD CORNÉLY ET Cie, ÉDITEURS
101, RUE DE VAUGIRARD, 101

1912

PRÉFACE

L'histoire de la presse sous la Restauration se trouve étroitement unie à l'histoire du développement politique. C'est au milieu des agitations et des crises incessantes qui marquèrent ces quinze années que se formèrent et se fortifièrent les grands organes périodiques. Rarement on les vit jouer un rôle plus essentiel et prendre sur la marche active des événements une influence plus directe. Hatin, dans son étude, s'est borné à tracer une description des principaux journaux et à fournir une sorte de tableau de leur organisation intérieure. Leur importance profonde ne se révèle pas ainsi avec une clarté suffisante, d'autant plus qu'il semble ignorer le mouvement si vivant et si fécond de la presse départementale. J'ai cherché dans le travail suivant à mettre à la fois en lumière, sur un point particulier, cette liaison intime de la presse et des agitations politiques et cette éclosion des journaux locaux.

L'épisode que j'ai choisi pour illustrer ce double caractère est l'application de la loi de censure en 1820 et 1821. Cet incident représente en effet un véritable centre dans le développement historique de la presse de 1815 à 1830. Il sépare avec netteté deux générations et deux méthodes ; il provoque pour chaque feuille périodique une crise de transformation ; il offre en lui-même enfin l'exemple le plus remarquable des luttes opiniâtres et quotidiennes qu'eurent à soutenir les journalistes pour maintenir ou conquérir leur liberté. La période de 1820 d'autre part, qui ramène au pou-

voir les royalistes les plus intransigeants ouvre une ère de troubles et de conspirations qui préparent, dans l'ombre des sociétés secrètes, la chute des Bourbons. Si l'on a plusieurs fois raconté les grands complots militaires des années suivantes, on a négligé de remonter aux origines et de présenter les premiers efforts de la résistance des libéraux après l'assassinat du duc de Berry.

Cette étude, qui envisage dans leur rapport les difficultés subies par la presse et la résistance libérale, s'appuie sur un dossier des Archives nationales (BB[30] 268) *qui retrace le détail des opérations de la censure en* 1820 *et* 1821. *Les documents qu'il contient peuvent se répartir en trois groupes :*

1° : *une série de lettres administratives, d'un intérêt secondaire ;*

2° : *un cahier contenant les procès-verbaux des séances du Conseil de surveillance de la censure établi à Paris ;*

3° : *les rapports adressés au Conseil de surveillance par les Commissions réunies à Paris et dans un certain nombre de chefs-lieux pour exercer l'examen préalable des articles des journaux.*

Les procès-verbaux du Conseil ne sont qu'un abrégé trop sec des rapports des Commissions. C'est ce dernier groupe qui forme l'ensemble le plus important. Il fixe l'état de la presse politique, retrace les démêlés des journaux avec le Gouvernement et, tout en reproduisant de nombreux extraits d'articles supprimés, fournit sur l'esprit public, des renseignements précieux. Ces textes présentent une valeur si précise qu'il m'a paru nécessaire de les publier au lieu de se borner à les commenter. Il ne pouvait toutefois s'agir ni d'une publication intégrale ni même strictement analytique. Ces rapports, hebdomadaires pour Paris, mensuels en principe pour la province, contiennent d'inévitables répétitions, une suite de détails secondaires, une grande part de formules inutiles qu'il a fallu supprimer pour leur conserver leur intérêt plus général. Cette obligation d'un choix continuel m'a décidé à les encadrer dans une étude plus étendue, en leur laissant cependant la place essentielle.

Quelques documents sont venus éclairer ces rapports des Commissions. Ce sont d'abord les informations fournies par les journaux eux-mêmes, complétées par une série de brochures et de pamphlets, que l'on trouvera cités au cours du récit. Ce sont ensuite plusieurs dossiers de la série F[7] *(police générale) des Archives nationales, et surtout la correspondance encore inexplorée des procureurs du roi et procureurs-généraux* (BB[30] 237 *à* 245). *Cette correspondance, à peu près ininterrompue de* 1820 *à* 1824, *offre un ensemble de renseignements particulièrement précieux. Elle permet de suivre avec précision, malgré quelques lacunes, toute l'agitation que souleva en France le retour au pouvoir des royalistes ultras.*

LA CENSURE EN 1820 ET 1821

CHAPITRE PREMIER

LE VOTE DE LA LOI DE CENSURE

La crise de 1820 et la situation des partis. — L'assassinat du duc de Berry et les lois d'exception. — État de la presse politique. — La loi de censure du 31 mars et l'ordonnance royale du 1er avril. — Appréhensions des journaux.

Deux jours après l'assassinat du duc de Berry par Louvel, le ministère Decazes, le 15 février 1820, vint présenter à la tribune des Chambres un triple projet de loi destiné à donner au gouvernement les moyens d'opposer au mouvement libéral et révolutionnaire une résistance efficace : il s'agissait de modifier le régime électoral, de suspendre pour un temps les garanties de la liberté individuelle, de rétablir la censure préalable des périodiques.

Les circonstances présentaient à ce moment un caractère de singulière gravité. Une inquiétude générale, une hésitation dans la conduite du gouvernement, tout annonçait une crise prochaine, un conflit décisif des deux conceptions politiques entre lesquelles, depuis 1815, oscillait la Restauration. Les doctrines libérales dans leur ensemble s'étaient régulièrement fortifiées. Depuis 1819, elles paraissaient même sur le point de s'imposer en définitive. La tactique commune des libéraux était d'incorporer à la Charte les grandes lois acquises en 1818 et 1819, de les envisager comme une sorte de supplément constitutionnel et de donner ainsi un sens large au statut fondamental de la monarchie. Ils trouvaient une des raisons de leur succès dans l'absence d'unité des royalistes autoritaires, dans les divergences profondes qui séparaient les *modérés* et les *ultras*. Aux modérés, qui inclinaient vers la conciliation, les ultras opposaient une tradition rigoureuse : ils cherchaient avant tout à dégager la Charte de ses adjonctions libérales pour la réduire à ses termes primitifs. Pour l'instant, il leur semblait surtout urgent d'arrêter les modérés sur la pente qui les entraînait vers le libéralisme. Mais l'entente des groupes royalistes leur paraissait impossible tant qu'ils n'auraient pas soustrait la fraction modérée à l'influence du ministère Decazes. C'était donc contre lui que se portaient depuis quelques mois tous les efforts des ultras ; seule sa chute devait permettre d'entreprendre la grande lutte imminente contre l'esprit révolutionnaire ; d'où, dans leurs attaques, un emportement parfois outré, une hâte qui leur avait valu le nom de « faction des pressés [1] ».

Les ultras se sentaient d'ailleurs secondés par l'action européenne de la Sainte-Alliance. Metternich s'inquiétait de l'agitation libérale en Allemagne, en Espagne, en Italie, et les mesures de répression imposées aux princes allemands à la suite des conférences de Carlsbad semblaient atteindre, en l'isolant, la politique de Decazes. Les ultras saisirent l'occasion ; ils redoublèrent de violence, et le 14 janvier, dans un article manifeste du *Conservateur*, Chateaubriand lançait contre le ministre favori une violente diatribe ; il y dénonçait sans ménagement sa politique, cette « sorte d'escroquerie au moyen de laquelle on espère tantôt dérober un homme, tantôt filouter une majorité » [2].

Le crime de Louvel, le 13 février, mit à cette crise un terme soudain. Au milieu du sentiment général de stupeur, d'indignation, de crainte d'un péril indéterminé, les modérés se trouvèrent obligés de suivre les ultras pour livrer sans tarder l'assaut définitif aux doctrines libérales qu'on voulait rendre responsables de l'assassinat du prince et détruire, comme ils disaient, « ce fana-

1. Cf. Duvergier de Hauranne, *Histoire du gouvernement parlementaire*, Paris, 1857-1865, 10 vol. in-8°, t. V, p. 315.
2. T. VI, p. 180 et suiv.

tisme dans son germe »[1]. Decazes déposa, le 15, l'ensemble du projet des lois répressives que les libéraux désignaient sous le terme de *lois d'exception*[2].

La décision des modérés plaçait les ultras dans une situation complexe. S'ils acceptaient la lutte contre un libéralisme désormais dangereux, ils gardaient toujours contre Decazes leur hostilité déclarée. D'un mouvement spontané, leur tactique fut de confondre dans une même attaque le ministre et les libéraux, de dénoncer entre eux une sorte de connivence tacite. Et la colère déchaînée fut telle qu'un député, Clausel de Coussergues, n'hésita pas à déposer une demande de mise en accusation de Decazes comme complice du meurtre du duc de Berry. On alla même plus loin. Quelques exaltés préparèrent un véritable plan d'enlèvement qui échoua au dernier moment[3]. La résistance de Decazes devenait difficile dans ces conditions : traité dans toute la presse royaliste en ennemi public, en dictateur, en « Bonaparte d'antichambre[4] », il avait encore à déjouer autour de lui les intrigues de cour du parti de Monsieur. Cette coalition finit par l'emporter. Decazes démissionna et le duc de Richelieu accepta le 20 février la lourde charge de la présidence du Conseil.

Malgré l'importance de cette chute de Decazes, il s'agissait en réalité d'un simple changement de personne ; la composition du ministère resta à peu près semblable : Siméon devint ministre de l'Intérieur, le comte Portalis sous-secrétaire d'Etat à la Justice, le baron Mounier directeur de la police. Sans modifier

1. Discours de M. de la Bourdonnaye à la Chambre, séance du 14 février, *Moniteur*, 15 février.

2. Cf. quelques brochures qui montrent l'ardeur des polémiques sur ces projets de lois d'exception : en faveur des projets : *De la liberté de la presse relativement aux journaux*, Paris, mars 1820, 16 p. in-8° (Bibl. nat., Lb^{48}, 1543) ; contre les projets : *Questions à l'ordre du jour. Considérations générales sur les trois projets de loi..., par B. D. L. M.*, Paris, février 1820, 8 p. in-8° (Bibl. nat., Lb^{48}, 1516) ; — *Opinion et protestation de Cugnet de Montarlot... contre les propositions qui tendent à porter atteinte à la loi des élections, à la liberté individuelle et à la liberté de la presse*, Paris, mars 1820, 4 p. in-8° (Bibl. nat., Lb^{48}, 1515).

3. Sur cette lutte des ultras contre Decazes, cf. E. Daudet, *Louis XVIII et le duc Decazes*, Paris, 1899, in-8°, chap. VIII.

4. Expression du *Journal des Débats*.

en apparence la ligne de conduite politique, Richelieu reprit à son compte les projets de loi d'exception. Mais cette fois, depuis que la disparition de Decazes permettait aux royalistes une action commune, ils prenaient une portée plus générale : dégagés des querelles et des oppositions de coteries, ils ouvraient la lutte essentielle contre les progrès du libéralisme.

Les libéraux comprenaient la gravité d'une situation qu'ils comparaient aux crises des années révolutionnaires ; ils cherchaient de leur côté à s'unir, à grouper leurs forces pour le débat imminent, le « grand drame [1] » qu'ils prévoyaient.

La lutte s'engagea sur deux points : la question électorale et la question de la liberté de la presse. Sans cesse, dans la résistance libérale, les deux questions demeurèrent confondues, apparurent dans la plus étroite liaison. La question électorale cependant, en vertu même du système censitaire, resta plus restreinte, dépassant à peine les limites du pays légal. L'agitation pour la défense de la liberté de la presse eut, au contraire, un retentissement lointain ; elle atteignit davantage les centres provinciaux, les groupes les plus modestes d'opposition locale. Ce fut elle qui donna toute son ampleur à ce mouvement de 1820.

La presse politique avait pris en effet un essor remarquable dans ces dernières années [2]. La loi de 1819, qui assurait un régime régulier aux publications périodiques, avait encore favorisé cette éclosion. Le trait le plus caractéristique de cette presse était la place qu'y prenait la discussion théorique, l'analyse doctrinaire, le rôle que l'on y donnait aux débats de principes et d'idées ; le ton des journaux y gagnait, malgré l'ardeur des polémiques, une certaine gravité, et ces habitudes de controverse serrée obligeaient à recourir, pour la rédaction journalière, à des écrivains d'un talent éprouvé. La forme qui se prêtait le mieux à ces déve-

1. Expression du journaliste Alphonse Rabbe, *Lettre sur l'utilité des journaux politiques publiés dans les départements...*, Paris, 1820, in-8° (Bibl. nat., Lb[48], 1398), p. 22.

2. Pour la description générale de la presse parisienne, cf. Hatin, *Histoire politique et littéraire de la presse en France*, Paris, 1859-1861, 8 vol. in-8°, t. VIII.

loppements spéculatifs était celle de recueils plus étendus que les simples feuilles quotidiennes, offrant quelque analogie avec les revues actuelles. De là, l'importance et le succès, depuis 1818, des grandes publications semi-périodiques qui avaient acquis dans la presse politique une situation prépondérante.

Du côté libéral, trois recueils de cette nature retenaient l'attention. Le plus ancien, les *Lettres normandes*[1], que Léon Thiéssé rédigeait depuis le mois de septembre 1817, combinait habilement les diverses nuances de l'opposition, accordant en une même doctrine les aspirations des révolutionnaires et des bonapartistes. *La Minerve française*[2], qui datait de février 1818, avait plus d'éclat. Etienne, Jay, Lacretelle, Benjamin Constant avaient sû l'imposer au public, en faire l'organe le plus autorisé de tous les groupes libéraux ; elle dissimulait davantage ses penchants bonapartistes, s'appuyait plus solidement sur la Charte et se donnait comme tâche de « hâter l'éducation constitutionnelle de la France »[3]. *La Bibliothèque historique*[4], fondée par Chevallier en mars 1818, s'était fixé un programme moins théorique ; elle cherchait à relever tous les faits qui, depuis 1815, signalaient la domination abusive des ultras. C'était, en grande partie, un choix de documents expressifs accompagnés d'un commentaire. Cette méthode lui avait valu bien des procès et avait fait considérer son principal rédacteur, Chevallier, comme un des plus dangereux adversaires du régime[5].

Dans la presse quotidienne, plusieurs journaux, *L'Indépendant*[6] et *Le Censeur européen*[7], conservaient ce ton doctrinaire, ce souci de la discussion. *L'Indépendant*, définitivement organisé en 1819[8], s'efforçait de représenter, dans son ensemble, l'oppo-

1. Bibl. nat., Lc², 1091.
2. Id., Lc², 1105.
3. T. Ier, p. 5.
4. Bibl. nat., Lc², 1110.
5. Cf. notamment les rapports de police sur son compte, en mars 1821, Arch. nat., F⁷ 6916, dossier 8370.
6. Bibl. nat., Lc², 1045.
7. Id.., Lc², 1936.
8. Suite, depuis le 8 mai 1819, du *Journal général de France*, fondé en 1814 sous l'influence de Royer-Collard.

sition des classes moyennes ; son sous-titre, *journal général*, exprimait nettement son désir de s'adresser, sans distinction, aux différents groupes libéraux ; mais, en réalité, une teinte marquée de bonapartisme l'avait surtout répandu dans les milieux militaires. *Le Censeur européen* se dégageait au contraire de toute influence impérialiste. Créé en 1814 par Comte et Dunoyer, deux fois interrompu et repris, il avait gardé depuis ses débuts une attitude originale. Dans un langage modéré, il formulait, sans jamais sortir des bornes légales, une sorte de philosophie politique, fondée, suivant les expressions de l'un de ses rédacteurs, Augustin Thiérry, sur l'aversion du régime militaire jointe à la haine des prétentions aristocratiques ; sans tenir compte des difficultés pratiques, il aspirait vers un certain idéal « de dévouement patriotique, de pureté incorruptible, de stoïcisme sans morgue et sans rudesse »[1].

Cette allure théoricienne ne pouvait satisfaire à tous les besoins de la polémique journalière. Il avait fallu fonder quelques feuilles plus spécialement destinées à la lutte politique. Les deux plus anciennes, le *Journal du Commerce*[2], qui remontait à l'an III, *Le Constitutionnel*[3], aux Cent jours, s'acquittaient de ce rôle avec une sorte d'hésitation qui laissait mal distinguer leur véritable caractère. Leur rédaction restait en partie commune et les deux journaux s'étaient même confondus à plusieurs reprises ; leur dernière séparation datait seulement de la fin de 1819. Tous deux suivaient l'inspiration de Jay qui représentait à *La Minerve* la fraction la plus modérée ; mais, dans l'action quotidienne, une tactique assez incertaine leur imposait de nombreuses réticences. *Le Courrier français*[4] avait été justement créé en juin 1819, devant ces fluctuations du *Constitutionnel*, pour fournir au parti doctrinaire un organe de combat plus sûr. Sa rédaction comptait Royer-Collard, de Barante, Beugnot, Guizot, Salvandy, Kératry qui, depuis peu, en avait pris la direction presque exclusive et

1. Cité par Hatin, *Histoire de la presse...*, t. VIII, p. 292
2. Bibl. nat., Lc², 1002.
3. Id., Lc², 1056.
4. Id., Lc², 1162.

lui avait imprimé une marque plus franche et plus hardie. A l'extrême enfin, deux feuilles se rattachaient sans détour aux idées révolutionnaires, récentes toutes deux, fondées lors de la brillante éclosion de 1819 : *L'Aristarque français* en décembre, et surtout *La Renommée* [1] en juin, où se rencontrait tout le groupe actif de *La Minerve*, Jouy, Aignan, Benjamin Constant ; en quelques mois, elle était devenue la véritable feuille agressive, l'arme de combat la plus menaçante et la plus redoutée.

Du côté des royalistes, à *La Minerve* s'opposait un recueil semi-périodique de forme analogue, *Le Conservateur* [2], qui s'efforçait de contrebalancer, depuis octobre 1818, le succès de la feuille libérale. Toute l'élite du parti se réunissait dans sa rédaction : Chateaubriand, de Bonald, Fiévée, Villèle, Corbière, O'Mahony, Lamennais, Genoude, Martainville. On avait essayé, en rapprochant ces tempéraments si variés, de fondre toutes les forces vives et toutes les nuances de la doctrine royaliste. La tentative avait rencontré tout d'abord un accueil favorable ; mais on avait bientôt distingué, dans cet ensemble trop arbitraire, des traces de désaccord profond ; il manquait au *Conservateur* cette cohérence qui donnait à *La Minerve* une allure plus ferme et moins contrainte. De plus en plus avait prédominé chez lui un esprit d'intransigeance ultra qui n'avait pas tardé à le placer dans les rangs de l'opposition.

Le ministère d'ailleurs, et Decazes en particulier, avaient vu rapidement disparaître, jusque dans la presse quotidienne, les appuis indispensables qui leur restaient. Tout au plus pouvaient-ils compter en 1820 sur l'officiel *Moniteur* [3], suspect à tous les partis, et sur le terne *Journal de Paris* [4], qui jouait parmi les feuilles politiques un rôle de plus en plus insignifiant. *La Gazette de France* [5], longtemps modérée, prenait, pour dénoncer les tendances du gouvernement, un ton d'aigreur qu'elle conservait

---

1. Bibl. nat., Lc², 1161.
2. Id., Lc², 1132.
3. Id., Lc², 114.
4. Id., Lc², 81.
5. Id., Lc², 1.

dans la plupart de ses polémiques. Le *Journal des débats* [1], où les frères Bertin groupaient une brillante rédaction, n'avait cessé depuis 1816 de combattre Decazes et de s'engager chaque jour davantage dans les voies extrêmes. Mais les attaques les plus virulentes venaient surtout de deux feuilles qui confondaient dans une haine passionnée libéraux et royalistes modérés : l'ancienne *Quotidienne* [2], dont Michaud soutenait, non sans esprit, la réputation de hardiesse et de violence ; le récent *Drapeau blanc* [3], que Martainville avait fondé en 1819 pour l'escarmouche journalière, la lutte incessante et variée où le grave *Conservateur* ne pouvait suffire. C'était chaque matin une sorte de pamphlet menaçant où s'exerçait la verve aiguisée de Martainville.

C'est cette presse en pleine éclosion, qui s'annonçait déjà comme une des grandes forces politiques, que le rétablissement de la censure préalable allait atteindre dans son développement ; et le projet de Decazes déposé à la Chambre des Pairs fixait à l'année 1825 le terme de ce régime de surveillance. Les royalistes ultras d'ailleurs, malgré leur désir d'entraver la croissance du libéralisme, se montraient inquiets d'une censure qui risquait de se tourner aussi contre eux. Pour faire obstacle à Decazes, ils s'y déclarèrent hostiles. La Commission nommée à la Chambre des Pairs, qui comptait trois libéraux, le duc de La Rochefoucauld, Daru, Boissy d'Anglas, et deux ultras, Mathieu de Montmorency et de Pastoret, se prononça contre le projet et le rapport que, le 23 février, présenta le duc de La Rochefoucauld conclut au rejet [4]. Mais, à cette date, les circonstances s'étaient singulièrement modifiées. La chûte de Decazes et la reprise par le ministère Richelieu des projets de lois d'exception créaient pour les royalistes une situation nouvelle : pour combattre

1. Id., Lc², 151.
2. Id., Lc², 728.
3. Id., Lc², 1151.
4. *Moniteur*, 25 février. Pour tous ces débats parlementaires on trouvera un récit très complet dans l'*ouvr. cité* de Duvergier de Hauranne, t. V, p. 411 et suiv.

l'essor libéral, il fallait accepter l'ensemble du système de répression qui faisait bloc, sans en distraire la loi de censure. Ce fut l'attitude adoptée par la droite lors de la discussion publique : tour à tour, par une brusque volte-face, le duc de Lévis, le duc de Doudeauville, MM. de La Tour du Pin et de Clermont-Tonnerre vinrent attaquer les conclusions du rapporteur et soutenir le projet. Le ministre des Affaires étrangères, Pasquier, qui défendait le texte du gouvernement, s'empressa de mettre à profit ces dispositions favorables ; avec une netteté remarquable, il indiqua la signification réelle de la loi, destinée surtout à réfréner la presse libérale : « La censure, entre les mains du gouvernement, peut devenir l'arme d'un parti. Oui, sans doute ; mais du moins ce parti sera celui de la Monarchie, de la France, de la Charte, de la maison de Bourbon, de la liberté. Et il faut bien que ce parti triomphe [1] .» Quelques jours après, devant la Chambre des députés, il complétait sa pensée, en proclamant sans ambages la nécessité, dans la lutte qui s'engageait, de l'arbitraire gouvernemental : « L'arbitraire nettement exprimé peut être un remède salutaire dans de grands périls. »

Cette franchise, qui rendait à la loi de censure son véritable caractère de mesure de combat, eut pour effet d'achever de convaincre la majorité des royalistes ultras, et les pairs adoptèrent la loi le 28 février, par 136 voix contre 74, mais en fixant comme limite à son application, sur un amendement du comte Cornet, la fin de la session de 1820.

La théorie énoncée par Pasquier de l'arbitraire comme forme exceptionnelle de gouvernement avait montré aux députés libéraux la nécessité d'une résistance à outrance, pour retarder autant que possible le vote qui allait les priver de leur arme essentielle de défense. Sortant à peine, sans succès, de la discussion fiévreuse de la loi sur la liberté individuelle, ils s'apprêtèrent à reprendre, avec plus d'opiniâtreté, cette lutte épuisante, pied à pied, article par article.

Le ministre de l'Intérieur Siméon, qui parlait au nom du

1. *Moniteur*, 4 mars.

gouvernement, avait compris, aux dispositions de la gauche, qu'il fallait racheter les paroles de Pasquier. En déposant le projet, le 1er mars, il essaya de présenter une interprétation moins brutale du système de censure : « Laisser dire tout ce qui est utile dans le but légitime des écrivains, d'après leur propre jugement et quelqu'opinion qu'en aient les censeurs, mais ne rayer que les injures et les outrages ; tolérer toutes les opinions, à moins qu'elles ne soient évidemment contraires aux principes de la morale, de la Religion, de la Charte et de la Monarchie, abandonner tous les actes de l'administration et des fonctionnaires à l'investigation la plus curieuse, au développement de tous les griefs qui en naissent, mais protéger les personnes et les fonctions contre des accusations mille fois plus redoutables que celles qui sont portées aux tribunaux où l'on trouve des juges, tandis qu'on est sans défense devant les journaux : telles sont, Messieurs, les règles que le gouvernement se propose de donner à la censure [1]. » Ces atténuations n'eurent pas sur les libéraux l'effet attendu. Le 16 mars, le rapporteur de la Commission d'examen [2], Froc de la Boulaye, vint exposer ses conclusions en faveur de la censure, et, aussitôt, le débat s'engagea. Ce fut, quinze jours durant, une véritable lutte d'amendements et de discours ; tous les chefs des groupes de gauche prirent la parole : La Fayette, Benjamin Constant, Camille Jordan, Royer-Collard, Chauvelin ; mais leurs efforts pour généraliser le débat, pour rattacher le projet de censure à tout un système répressif, restèrent sans effet. Le 30 mars, la loi fut votée par 136 voix contre 100.

Dans le nouveau régime qu'elle instituait, jusqu'à la fin de la session de 1820, en juillet 1821, aucune publication périodique ne pouvait paraître sans autorisation royale (art. 2) [3] ; chaque

---

1. *Moniteur*, 2 mars.

2. La Commission, formée le 4 mars, comprenait : Lizot, Froc de la Boulaye, Savoye-Rollin, de Salis, Mestadier, Blanquart de Bailleul, Camille Jordan, Cardonnel, de Chauvelin.

3. Cf. le texte de la loi publiée par Duvergier, *Collection des lois*..., t. XXII, p. 516. Pour le commentaire juridique de cette loi, cf. M. Carnot, *Examen des*

article d'un journal politique devait être soumis en manuscrit à un examen préalable (art. 4) ; toute contravention à l'article 4 était passible d'une peine de 1 mois à 6 mois d'emprisonnement et d'une amende de 200 à 1.200 francs (art. 5). Dans le cas de poursuite judiciaire, le gouvernement se réservait le droit de suspendre le journal jusqu'au jugement (art. 6) et de prolonger la suspension pendant 6 mois après le jugement ; dans le cas de récidive, la suspension pouvait être définitive (art. 7). Une ordonnance royale du 1er avril compléta la loi du 31 mars [1] : elle créait pour Paris une Commission de censure composée de 12 membres nommés par le roi sur la présentation du ministre de l'Intérieur (art. 4-5) ; pour les départements, une Commission de 3 membres siégeant au chef-lieu (art. 8) ; au-dessus de ces Commissions, elle établissait un Conseil de surveillance de 9 magistrats nommés sur présentation du ministre de la Justice (art. 9).

Le texte du 31 mars et l'ordonnance royale laissaient subsister quelque ambiguïté. Le caractère et les conditions d'application de la loi ne s'en dégageaient pas avec une clarté suffisante. Deux interprétations s'étaient fait jour pendant les débats, au travers des déclarations ministérielles : l'interprétation partiale de Pasquier, l'interprétation modérée de Siméon. Ces contradictions semblaient révéler, au sein même du gouvernement, une certaine hésitation. Il y avait là pour la presse une situation indécise qui ne pouvait qu'aggraver la crise et les conflits prochains.

Du côté royaliste, la majorité s'inclinait. La censure était acceptée comme nécessaire à l'ensemble du système de répression. La défaite libérale était à ce prix. *La Gazette* et les *Débats* témoignaient par leur silence de leur soumission au projet ministériel. Seuls quelques intraitables se récriaient. Ils se groupaient autour de *La Quotidienne* et du *Drapeau blanc*, les uns, à la suite de Chateaubriand, par indignation d'un régime

---

lois des 17, 26 mai, 9 juin 1819 et 31 mars 1820, relatives à la répression des abus de la liberté de la presse, Paris, 1820, in-8°, 266 p. (Bibl. nat., Lb48, 3159).

1. *Moniteur*, 2 avril.

qui limitait la discussion, les autres par défiance sourde contre le duc de Richelieu qui ne leur offrait pas, pour la lutte imminente, d'assez solides garanties. *La Quotidienne* dénonçait les périls de la nouvelle loi, toute la furie de libelles qu'elle allait déchaîner à coup sûr, et Martainville écrivait dans *Le Drapeau blanc* : « Notre profession de foi sera courte et précise. Nous croyons « que le ministère a mal entendu ses intérêts en demandant des « lois d'exception, et que les royalistes des deux Chambres se « sont trompés en s'arrêtant à cette idée, qu'il n'y avait pas, « dans les circonstances actuelles, d'autres moyens de sauver la « monarchie [1]. »

Mais c'était surtout du côté libéral que les appréhensions étaient vives. La loi restait vague dans ses détails. Comment fonctionnerait ce système de Commissions ? Les censeurs adopteraient-ils l'interprétation de Pasquier ou celle de Siméon, la « censure partiale » ou la « censure paternelle » ? Cette incertitude éveillait des craintes générales et tous les journalistes attendaient avec inquiétude la réunion de la Commission : « Nous avons encore 72 heures de liberté, dans l'opinion des uns, « 48 heures seulement d'après le sentiment des autres », écrivait *La Renommée* [2]. « Nous touchons au moment, déclarait de son « côté *Le Censeur européen*, où les journaux qui ne sont point « vendus à l'autorité ne seront plus libres, et où la faculté de « parler au public n'appartiendra qu'au plus fort [3]. » Tous d'ailleurs annonçaient leur intention déclarée de maintenir, malgré les rigueurs de la loi, leur indépendance complète : « La liberté n'est plus ! s'écriait *Le Censeur*. La Chambre des « députés a voté la servitude ! Mais que dis-je ! Appartient-il à « une autorité quelconque de faire de nous des hommes libres ou « des esclaves ? Non, la liberté vit toujours ; elle vit au fond de « nos âmes, et elle ne périra qu'avec nous [4]. » « Nous n'avons « point déshonoré la liberté, annonçait *Le Constitutionnel*, dans

1. 4 avril.
2. 29 mars.
3. 27 mars.
4. 31 mars.

« une sorte de manifeste. Nous ne déshonorerons point notre « nouvelle dépendance ; nous ne mériterons point par des « lâchetés, la peine imposée à notre courage. Fidèles aux mêmes « principes, nous ne les abandonnerons jamais... Si nous ne « pouvons plus dire toute la vérité, on ne nous verra pas con- « sentir à l'altérer par des mensonges, et à tromper la nation « par obéissance au pouvoir [1]. »

1. 30 mars.

CHAPITRE II

L'APPLICATION DE LA CENSURE A PARIS.

I. LES PREMIERS JOURS DE LA CENSURE : Organisation du Conseil. — Installation de la Commission. — Instructions du gouvernement. — Principes de la Commission. — Hésitations du début. — Premiers effets de la censure. — Disparition des recueils semi-périodiques. — Protestations contre la censure. — Organisation de la résistance. — Les brochures.

II. LA PÉRIODE DE CRISE ET DE PROCÈS : Premier rapport des censeurs. — Effervescence libérale. — Procès de la « Souscription nationale ». — Poursuite contre les *Lettres normandes, La Bibliothèque historique, La Minerve.* — Application plus rigoureuse de l'examen préalable. — Conflit de la Commission avec *La Renommée.* — Acharnement de la Commission. — Multiplication des brochures. — Activité du libraire Corréard. — Attentat de Gravier et ses conséquences. — Protestation de Benjamin Constant à la Chambre. — Discussion de la loi électorale. — Emeutes parisiennes de juin 1820. — Poursuites contre *La Renommée.* — Condamnation et suspension du journal. — Poursuites contre Corréard.

III. LES DERNIERS RAPPORTS DE LA COMMISSION : Détente générale dans l'opposition parisienne. — Relâchement des opérations de la Commission. — Démêlés de la Commission avec la Chambre des Pairs. — Lassitude des censeurs. — Diminution du nombre des journaux libéraux. — Répercussion des révolutions italiennes.

I

Les premiers jours de la Censure.

L'ordonnance royale datée du 1er avril organisa le Conseil de surveillance et la Commission de censure. Le Conseil de surveillance fut composé de neuf membres : MM. Boyer, Vergés, Ollivier, Voisin de Gartempe, conseillers à la cour de cassation, Brière de Surgy, président à la cour des comptes, de Merville, président à la cour royale de Paris, Lepoitevin, Larrier, conseillers à la même cour. Son rôle, d'après les termes mêmes de l'ordonnance, devait se borner à exercer le contrôle des Commissions locales, à recevoir leurs rapports, plus ou moins fréquents suivant les circonstances, et à prononcer, le cas échéant, la suspension provisoire des journaux rebelles. Le gouvernement lui laissa dans sa ligne de conduite la plus entière liberté ; le sous-secrétaire d'Etat à la Justice, le comte Portalis, se contenta de quelques instructions générales et vagues : « L'intention du Roi est, Messieurs, que vous exerciez sur la marche et sur la direction de la Commission de censure une salutaire surveillance. De la comparaison des journaux et écrits périodiques avec l'exposition des règles que s'est prescrite la Commission peuvent naître d'importantes remarques qui vous suggéreront d'utiles conseils. A cet égard, la plus grande latitude vous est donnée [1]. » Ce fut le 23 avril seulement que le Conseil tint sa première séance ; il décida de siéger dès lors une fois par semaine, tous les mardis à 8 heures du soir au ministère de la Justice [2].

La Commission s'installa plus rapidement, mais elle eût plus de difficulté à fixer ses procédés pratiques. L'ordonnance du 1er avril avait désigné comme censeurs : MM. l'abbé d'Andrezel, inspecteur général des études, Auger, membre de l'Académie française, Baudus, attaché au ministère des Affaires étrangères, d'Erbigny, ancien recteur de l'Académie de Grenoble, auteur dramatique, l'abbé Lageard de Cherval, de Lourdoueix, homme de lettres, Mazure, inspecteur général des études. Quelques jours après, le 5, on leur adjoignit MM. Landrieux, homme de lettres, Pariset, docteur en médecine, Raoul Rochette, professeur d'histoire à la Sorbonne, membre de l'Académie des Inscriptions, Vieillard, homme de lettres [3]. On nomma enfin, pour compléter le chiffre de douze prévu par la loi, Rote de Rugent, lecteur du jury de l'Académie royale de musique, et l'on chargea L. Hubert, homme de lettres, des fonctions de secrétaire.

La Commission se réunit pour la première fois le 3 avril, dans un local spécialement aménagé, 13, rue des Saints-Pères. Elle

1. Lettre du 21 avril.
2. Procès-verbal de la séance du 22 avril 1820.
3. *Moniteur*, 6 avril.

décida de commencer sur le champ ses opérations et le secrétaire expédia à tous les journaux la lettre suivante :

MONSIEUR,

J'ai l'honneur de vous prévenir que la Commission de censure, créée par l'ordonnance de S. M. en date du 1er de ce mois, a établi ses bureaux rue des Saints-Pères, nº 13, et qu'ils seront ouverts tous les jours depuis midi jusqu'à 3 heures et le soir depuis 8 heures jusqu'à 10.

Je vous invite en conséquence à vouloir bien adresser à la Commission aux heures indiquées ci-dessus, et à compter d'aujourd'hui, tous les articles qui doivent entrer dans la composition de votre journal et qui, conformément à la loi du 31 mars dernier, doivent être soumis à son examen.

Les bulletins officiels des séances de la Chambre des Pairs et les comptes-rendus des séances de la Chambre des députés sont seuls exceptés de cette disposition.

J'ai l'honneur, etc. [1].

Le 4 avril au matin, les journaux parurent sous le nouveau régime de censure.

La tactique immédiate des libéraux fut de rendre le ministère responsable de ce qui s'imprimait chaque jour et Benjamin Constant, dans un article destiné à *La Renommée*, s'efforça de prouver la légitimité de cette attitude : sous un tel régime, tout ce que les censeurs laissaient passer devait exprimer la pensée même du gouvernement ; par l'examen préalable, il prenait à son compte toute injure, toute calomnie insérée dans une feuille périodique et il était logique de lui en demander raison à la tribune parlementaire : « Je sais, déclarait-il, que vous enverrez « ma lettre à la censure ; mais, en vous soumettant à ce que la « censure la rejette, vous voudrez bien ne pas vous soumettre à « ce qu'elle y change rien. Je déclare qu'un seul mot retranché, « ajouté ou altéré, serait un faux matériel. Si les surveillants « de vos pensées, qui ne seront jamais ceux des miennes, se

1. *Moniteur*, 5 avril.

« croient autorisés à repousser ma lettre, je me fie à vous pour « me la renvoyer. Je serai bien aise de comparer la pratique des « censeurs avec les professions de foi des ministres, et le public « aussi en profitera [1]... » Comme Benjamin Constant le prévoyait, la censure rejeta l'article.

Le gouvernement d'ailleurs n'avait pas donné à la Commission les instructions minutieuses que les libéraux supposaient. Seules, quelques indications générales furent fournies par une circulaire de Richelieu, en date du 4 avril, aux lieutenants-généraux, procureurs-généraux et préfets : « L'intention de la loi rendue est évidente. Préparer, dans le silence des passions ennemies, tous les moyens de fonder la liberté de la presse sur des lois justement répressives... La censure n'a pas d'autre objet. Il ne s'agit pas de l'appliquer à toutes les productions de l'esprit, mais aux seuls écrits périodiques ; il ne s'agit pas de retirer le droit reconnu par l'article 8 de la Charte ; ce droit est conservé par la loi nouvelle. Les Français peuvent toujours employer la presse pour publier leurs opinions, exprimer leurs griefs, faire entendre leurs plaintes. Il ne s'agit pas, même pour les journaux et autres feuilles de ce genre, comme on a trop affecté de le dire, d'étouffer les vérités utiles, d'interdire toute discussion, tout examen des actes de l'autorité ; mais il s'agit de prévenir les écarts dont ces feuilles n'ont que trop donné le scandale ; de les fermer à ces injures, à ces outrages personnels qui, sans cesse, viennent troubler le repos des familles ; il s'agit enfin d'arrêter le cours de ces influences pernicieuses qui excitent tant d'injustes défiances dans des esprits. que les révolutions n'ont que trop disposés à les recevoir [2]... »

La circulaire du duc de Richelieu ne dégageait pas suffisamment l'esprit qui devait inspirer la Commission dans ses opérations journalières. L'examen des manuscrits exigeait, pour être uniforme, un principe de choix qui permît de distinguer, dans les

1. Publié dans une pétition, dont nous parlerons plus loin, adressée par l'éditeur-responsable de *La Renommée* à la Chambre des députés (Bibl. nat., Lb[48], 1565).

2. *Moniteur*, 8 avril.

diverses opinions, ce que l'on accepterait ou retrancherait. Ce furent les censeurs eux-mêmes qui le formulèrent, après les incertitudes et les tâtonnements des premiers jours. Ils le résumèrent dans un article officieux publié au *Moniteur* du 12. Le principe adopté reposait sur la distinction entre le *fait* et l'*idée* : tout fait, clairement établi, échappait à la discussion et par là même à la censure ; les idées au contraire seraient réduites le plus possible ; elles ne seraient admises qu'autant qu'elles se tiendraient dans une modération raisonnable. Pour éviter tout débat subversif, il s'agissait de bien préciser, pour quelques notions essentielles, les limites du fait et de l'idée : « Ainsi, une « religion positive est considérée, non pas comme une opinion, « mais comme un fait, comme un droit acquis aux citoyens qui « la professent, et par conséquent, hors de toute discussion. — « Ainsi, dans un gouvernement monarchique, la royauté n'est « plus un objet de discussion, mais un fait hors de discussion. — « Ainsi encore, la vie privée d'un citoyen est inviolable. Nul n'a « droit d'y porter atteinte. Les personnalités offensantes ne « peuvent donc être tolérées... »

Cette théorie du fait exposée par la Commission fut aussitôt attaquée aussi bien par les royalistes que par les libéraux [1]. On mit au jour la part d'indécision qu'elle dissimulait et qui permettait les interprétations les plus arbitraires. Elle avait en outre l'inconvénient d'aller à l'encontre de tout le développement de la presse politique : c'est en se dégageant des bornes de la simple information, en se laissant pénétrer par la discussion spéculative, en faisant à côté du *fait* une place à l'*idée*, que les journaux avaient acquis une situation prépondérante et une influence active. La Commission prétendait rendre au fait la place qu'il avait perdue, moyen détourné de restreindre la valeur et la portée de la presse.

La tâche était lourde, sinon impossible. En réalité, la Commission ne put appliquer strictement son principe; elle procéda

---

1. Cf., par exemple, *Le Défenseur*, p. 189 et suiv., et une réponse dans *Le Moniteur* du 1er mai. Sur *Le Défenseur*, cf. un peu plus loin, p. 21.

sans règles fixes, au hasard de ses lectures et des circonstances. Les premiers soirs, elle retrancha beaucoup et ses suppressions laissent voir toutes les hésitations des censeurs : elle rejette au *Courrier français* deux articles du député Kératry sur les missions et les Pères de la Foi [1]; mais, en même temps, elle refuse de laisser publier dans *Le Défenseur* ceux de Lamennais en faveur de la religion [2]. Le 4, elle biffe au *Censeur européen* des réflexions de Comte sur la censure ; le 5, elle efface sur la même feuille de simples nouvelles sur des troubles survenus à Rennes [3]. Mêmes contradictions pour *La Renommée* : elle rejette à la fois des articles sur la circulaire du duc de Richelieu, sur les mesures prises par le ministre de la Guerre relativement à la cassation des sous-officiers, sur la censure, et de sèches informations sur les événements d'Espagne ou sur quelques incidents intérieurs [4]. Rien ne permettait de distinguer dans ces coupures une règle ferme et déterminée.

L'organisation pratique de la Commission donnait lieu à de semblables tâtonnements ; la lecture préalable réclamait un travail considérable qui ne pouvait manquer d'apporter une entrave incessante à la rédaction des journaux quotidiens. Sur ce point, les plaintes sont constantes : « Une lettre du secrétaire de la Commission de censure, écrit l'éditeur responsable de *La Renommée*,... annonça que la Commission s'assemblerait tous les jours de midi à 3 heures et de 8 à 10 heures du soir. Le lendemain, on nous annonça verbalement que la Commission s'assemblerait de 3 à 5 heures après-midi et de 8 à 10 heures du soir. Enfin, le jour suivant, on annonça encore verbalement que la Commission ne s'assemblerait plus dans la journée et qu'elle ferait tout son travail dans la séance du soir.

1. De Kératry, *Lettre à M. le baron Mounier sur la censure.* Paris, 1820, in-8° (Bibl. nat., Lb[48], 1570).

2. F. de La Mennais, *Quelques réflexions sur la censure et sur l'Université*, Paris, 1820, in-8° (Bibl. nat., Lb[48], 1622).

3. *Rognures faites au Censeur européen des 4 et 5 avril* 1820 *par MM. les membres de la Commission de censure*, Paris, 1820, in-8° (Bibl. nat., Lb[48], 1559).

4. Toutes les coupures faites à *La Renommée* sont reproduites dans la pétition citée de l'éditeur responsable à la Chambre des députés (Bibl. nat., Lb[48], 1565).

Cette disposition ... expose les journalistes à ne pouvoir remplir leur feuille, dans le cas où un grand nombre des articles qu'ils présentent seraient rejetés et elle multiplie les frais extraordinaires en prolongeant les travaux fort avant dans la nuit [1]. » Quelques jours après, la Commission compliqua encore les procédés d'examen : elle exigea pour chaque article le versement d'un double manuscrit ou d'une double épreuve [2]. « La Commission, ajoutait le secrétaire en notifiant aux journaux la décision des censeurs, a fixé le temps de son travail de 8 à 10 heures du soir. Les manuscrits devront être déposés à son secrétariat de 7 à 8 heures. Cependant elle recevra les écrits qui seront apportés pendant sa séance ; mais à 10 heures précises, il ne sera plus rien reçu et les manuscrits qui n'auront pas été retirés à la fin de la séance ne pourront être réclamés que le lendemain. »

Malgré ces hésitations, l'application de la censure eut, dès ses premiers jours, un résultat immédiat : elle fit disparaître les grands périodiques doctrinaires qui s'étaient surtout développés depuis 1818 et qui avaient accoutumé le public à la discussion soutenue. Vivant uniquement d'idées, la théorie du fait imposée par la Commission fut leur ruine. Ils n'attendirent même pas que les rigueurs de la censure les eussent forcés au silence ; dès la promulgation de la loi, ils comprirent l'impossibilité de se maintenir sous un tel régime ; *La Bibliothèque historique*, *La Minerve*, du côté libéral, *Le Conservateur*, du côté royaliste et religieux, cessèrent leur publication.

La Minerve, peu de temps auparavant, avait prévu cette issue. Dans un article sur le projet gouvernemental, Benjamin Constant avait laissé pressentir que les rédacteurs préféreraient se disperser que soumettre leur pensée à l'examen d'une censure [3], et la 113e livraison, qui mettait fin au recueil, s'achevait sur des

1. *Pétition de l'éditeur responsable de La Renommée à MM. les membres de la Chambre des députés*, Paris, 1820, in-8° (Bibl. nat., Lb48, 1565).

2. Lettre de la Commission de censure aux journaux, datée du 8 avril, publiée dans la *Pétition de l'éditeur responsable de La Renommée*.

3. *Du rétablissement de la censure des journaux*, t. IX, p. 133-143.

paroles de confiance et d'espoir : « Cette note contient probable- « ment les derniers accents de liberté qu'il nous sera permis de « proférer dans un ouvrage qui fut constamment consacré à la « défense de la Charte, du trône et des droits de la nation... La « censure prépare ses ciseaux, les geôliers ouvrent leurs cachots : « hâtons-nous, mais gardons-nous de perdre l'espérance... La « liberté va sommeiller en France ; mais son feu sacré n'est pas « éteint : elle se réveillera [1]. »

La disparition du *Conservateur* résultait d'une situation plus complexe. Après la formation du ministère Richelieu, lorsque les royalistes ultras avaient résolu de soutenir les lois d'exception qu'ils avaient combattues tant que Decazes était resté au pouvoir, un certain nombre d'intransigeants avaient persisté dans leur première attitude et refusé d'accepter la censure que l'on proposait. La rédaction du *Conservateur* s'était ainsi scindée en deux groupes ; plusieurs collaborateurs, Chateaubriand en tête, avaient déclaré qu'ils cesseraient de fournir des articles sous le système que l'on instaurait. Le départ de Chateaubriand risquait de compromettre le succès du journal et d'étaler au jour un conflit que l'on s'efforçait de cacher [2]. La rédaction s'arrêta à une solution plus habile ; elle décida de terminer *Le Conservateur* à la fin de son sixième volume et de le reprendre sous un titre nouveau, *Le Défenseur, journal religieux, politique et littéraire* [3], et sous une forme un peu différente et mieux appropriée aux nécessités actuelles [4]. C'est ce qui explique, dans les premiers fascicules du nouveau périodique, un penchant à défendre chaudement les lois d'exception et la loi sur la presse en particulier [5].

Cependant un fort mouvement d'opposition à la censure se dessinait parmi les libéraux. Il donna lieu, vers le 10 avril, à

---

1. T. IX, p. 428.
2. *Le Constitutionnel*, 22 avril. Cf. le récit de Duvergier de Hauranne, *Hist. du gouvern. parlementaire*, t. V, p. 447, composé d'après une note de M. Trouvé, gérant du *Conservateur*.
3. Bibl. nat., Lc², 1133.
4. *Moniteur*, 24 mars et 1er mai ; — *La Renommée*, 11 avril.
5. Cf. un article de De Bonald, *Sur la liberté de la presse*, t. Ier, p. 147 et suiv.

quelques scènes tumultueuses. Les étudiants résolurent de se rendre au cours d'histoire moderne que l'un des censeurs, Raoul Rochette, professait à la Faculté des lettres et d'y manifester en faveur de la liberté des journaux [1]. Le désordre fut si violent pendant plusieurs jours que la Commission d'instruction publique dût suspendre provisoirement le cours [2].

De toutes parts d'ailleurs des protestations s'élevaient ; une série de brochures dénonçaient cette censure qui fonctionnait à peine et qui se montrait déjà partiale, incertaine et rigoureuse. « J'étais bien persuadé, écrivait le député Kératry au baron Mounier, directeur de la police, qu'en travaillant à prévenir les écarts des écrivains, on ne se fût pas borné à leur tracer des règles d'urbanité ; mais, franchement, je ne croyais pas qu'on leur eût donné aussi promptement des leçons de silence [3]. » Lamennais signalait de son côté l'incohérence de la Commission [4]. Comte, du *Censeur européen*, exprimait sa répulsion pour des procédés tyranniques et dégradants : « Il me serait difficile de rendre le sentiment que j'éprouve en prenant la plume. L'idée que ces lignes seront portées aux agents du ministère pour qu'ils les commentent et les raturent au gré de leurs caprices m'inspire un dégoût que je n'avais pas encore éprouvé et qu'il m'est presque impossible de surmonter [5]. » Et tous marquaient bien, dans un sentiment commun, leur volonté déclarée d'échapper à ce régime, de rendre inutiles les efforts des censeurs, de faire éclater l'inefficacité d'une loi qui prétendait étouffer la libre discussion : « Il y a huit jours que la censure est établie et toute sa nullité est déjà démontrée. Elle peut ruiner quelques propriétaires de journaux ; mais il est au-dessus de ses forces d'arrêter ce que les ministres redoutent : la critique des actes et des pro-

---

1. *Moniteur*, 16 avril.
2. *Id.*, 18 avril ; — *Le Constitutionnel*, 16 avril.
3. *Lettre à M. le baron Mounier sur la censure*, Paris, in-8°, 16 p. (Bibl. nat., Lb[48], 1570), p. 4.
4. F. De La Mennais, *Quelques réflexions sur la Censure et sur l'Université*, Paris, 1820, in-8° (Bibl. nat. Lb[48], 1622).
5. *Rognures faites au Censeur européen des 4 et 5 avril* 1820..., Paris, 1820, in-8° (Bibl. nat., Lb[48], 1559).

jets du pouvoir, la publicité enfin, qui est l'âme des gouvernements représentatifs [1]. »

On ne se contentait pas en effet de ces manifestations et de ces plaintes. Une résistance plus directe, plus systématique s'organisait. On cherchait à faire obstacle pratiquement aux opérations de la censure. Le premier moyen que les journaux imaginèrent consista à remplacer par des lignes de points ou des blancs les suppressions des censeurs. Presque toutes les feuilles adoptèrent ce subterfuge qui piquait la curiosité publique. Ce procédé déconcerta la Commission ; il risquait d'atténuer d'une manière sensible les effets espérés de la surveillance préalable. Le ministère, plusieurs fois consulté, sentit le danger : « Le but de la loi... serait manqué, écrivait Portalis, si,... par des points malicieusement intercalés, on laissait l'imagination des lecteurs suppléer par des inductions fâcheuses à des passages explicites qui l'auraient été moins. [2] » Le seul recours possible des censeurs fut de menacer d'une rigueur plus minutieuse les feuilles qui persisteraient à faire usage des tirets. Ils commencèrent par les avertir qu'ils rejetteraient dorénavant l'ensemble des articles où ils pourraient relever une seule phrase à effacer : « MM. les rédacteurs, s'obstinant à remplacer par des points soit des articles entiers supprimés, soit des phrases..., sont prévenus que désormais la Commission de censure, usant du droit qui lui est attribué, rejettera en entier les articles qui contiendront une seule phrase répréhensible au lieu de se borner à supprimer cette phrase, comme elle l'a fait jusqu'ici dans l'intérêt même du journal [3]. » Il fallut bientôt aller plus loin ; la Commission déclara qu'elle n'accorderait le permis définitif d'imprimer que si les journalistes apportaient une épreuve complète et sans vide de leur feuille, composée après un premier examen de chaque article en particulier. « Les censeurs ont osé exiger, écrit l'éditeur responsable de *La Renommée* dans une plainte adressée au Conseil

1. *De la censure et des censeurs*, Paris, 1820, 11 avril, in-8°, 16 p. (Bibl. nat., Lb[48], 1568).
2. Lettre du 6 juin 1820 au Conseil de surveillance.
3. Note publiée par *La Renommée* du 18 avril.

de surveillance, qu'on leur présente l'épreuve complète du journal ; il a fallu retourner à 3 heures du matin à la censure pour que le secrétaire daignât apposer le permis sur l'épreuve du journal [1]. » Ces exigences si dures pour les rédacteurs ne réussirent pas d'ailleurs à faire disparaître les lignes de points ; l'usage au contraire s'en généralisa à mesure que la Commission s'efforçait de l'enrayer.

Cette résistance toute passive ne tarda pas à se compléter d'un système pour donner aux articles rejetés ou à ceux qui n'avaient aucune chance d'être acceptés une publicité équivalente à celle des journaux. On organisa la vente d'une série de petites brochures qui se succédaient à courts intervalles et échappaient à la censure réservée aux périodiques. La librairie Baudoin frères, 38, rue de Vaugirard, fut la première à se charger d'une telle entreprise. Elle annonça, dès le début d'avril, qu'elle publierait les « rognures » retranchées par les censeurs [2]. Cette pratique des « rognures » devint rapidement fréquente ; plusieurs journaux tentèrent même d'expédier ces légères plaquettes à leurs abonnés ordinaires [3]. Mais, dans cette résistance à l'oppression de la censure, deux libraires se consacrèrent surtout à la propagande pour la liberté de la presse : l'ancien éditeur de *La Minerve*, l'académicien Lacretelle, et Corréard.

Immédiatement après le vote de la loi sur les journaux, Lacretelle aîné établit, 20, rue Dauphine, une maison de librairie [4]. Il s'agissait de poursuivre l'œuvre de discussion et de polémique, que la Commission rendait impossible dans les périodiques, dans des fascicules isolés distribués au public à des prix très bas, trente centimes généralement.

Corréard poussa plus loin encore cette idée de substituer les brochures aux journaux. Le naufrage tragique de *La Méduse*,

---

1. *Placet de l'éditeur responsable de La Renommée à MM. les membres composant le Conseil de surveillance de la censure* (26 avril), Arch. nat., BB30 268 et Bibl. nat., Lb48, 1590.

2. *La Renommée*, 1er avril.

3. Cf. par exemple les *Rognures faites au Censeur européen des 4 et 5 avril* 1820, Paris, 1820, in-8° (Bibl. nat., Lb48, 1559).

4. *Le Constitutionnel*, 9 avril.

dont il était un des survivants, lui avait valu quelque renom. Soutenu par un groupe de libéraux qui prirent le nom de *Société des brochures*, il décida de publier chaque jour une sorte de pamphlet d'une feuille d'impression environ [1]. Pour mener à bien cette entreprise, il prit comme collaborateur un jeune rédacteur du journal *L'Aristarque* qui venait de disparaître dans cette crise, Bousquet-Deschamps. Dans leur premier essai, le 5 avril, ils précisèrent leur programme : « Dans l'état actuel de la législature, les brochures se présentent naturellement à l'écrivain qui n'a pas renoncé au dangereux mais honorable ministère de surveiller le pouvoir, de garantir les citoyens de l'arbitraire... C'est dans ce champ, naguère fermé, que va se transporter la lutte... Attendons-nous donc à voir naître chaque jour et se multiplier indéfiniment des écrits peu volumineux, faciles à lire, à transporter et à répandre, devenus les dépositaires des avertissements utiles et des pensées généreuses [2]. »

De toutes parts s'organisait ainsi, au milieu d'avril, une opposition vigoureuse dans la presse et dans la librairie, pour maintenir la liberté de discussion contre l'oppression journalière de la censure.

II

La période de crise et de procès.

Cette résistance des journaux et tous les procédés imaginés pour éluder l'application de la loi eurent pour résultat d'aigrir les censeurs, de dissiper leurs hésitations et de les pousser dans la voie de la répression. Ils se piquèrent au jeu et, excités par les sarcasmes ou les injures dont on les couvrait, se décidèrent sans plus tarder à briser à leur tour l'opposition de la presse. Ce fut

1. *La Renommée*, 12 avril.
2. *A bon entendeur salut*, Paris, Corréard, 5 avril 1820, in-8°, 16 p. (Bibl. nat., Lb[48], 1560), p. 6-7.

à peu près vers le 20 avril que la Commission commença à mettre en œuvre sa nouvelle tactique ; et pour ouvrir la période de crise et de lutte dans laquelle elle allait entrer, elle adressa son premier rapport au Conseil de surveillance. Elle voulut en faire comme un exposé de principes : elle retraça tout d'abord ses incertitudes du début, ses difficultés, puis elle exposa nettement la ligne de conduite qu'elle comptait suivre désormais :

Mettre un frein, et, s'il est possible, un terme à la scandaleuse licence des écrits périodiques ; garantir la religion des outrages de l'impiété, la morale des injures du libertinage, la légitimité des insultes des factieux, les corporations et les individus des attaques dirigées soit contre leur honneur, soit contre leur existence civile et politique ; telle est la pensée que la Commission a cru saisir dans l'esprit de la loi et du Gouvernement chargé de l'exécuter ; tel est le résultat qu'elle se croit appelée à créer et à généraliser dans tous les esprits.

Fidèle à cette double direction, et dès les premiers jours de sa réunion, la Commission s'est portée vers le but sans timidité dans sa marche, mais non pas toujours sans hésitation dans ses moyens, hésitation qui s'explique suffisamment par le mouvement d'opinion au milieu duquel elle se trouvait transportée, et par les devoirs nouveaux que lui imposait l'honorable confiance du Gouvernement du Roi.

Il ne fallait pas qu'elle comprimât les opinions, et elle ignorait le degré de latitude qu'il convenait de leur laisser ; elle n'aurait voulu faire la guerre qu'aux doctrines, et elle avait un choix à faire entre des principes évidemment pernicieux et des maximes simplement hasardeuses ; les faits eux-mêmes, les nouvelles étrangères, les mouvements militaires, les mutations de fonctionnaires publics, etc., pouvaient jusqu'à un certain point produire quelquefois les mêmes effets que les doctrines, ou recéler des pièges, qui, méconnus par la bonne foi ou négligés par la distraction, n'en avaient pas moins donné un air de triomphe à la malignité et même à la perfidie.

Ce qui surtout a suspendu pendant plusieurs jours l'action régulière de la Commission, c'est l'absence des moyens propres à constater les infractions prévues par la loi et l'ordonnance royale, et à opposer la légalité des mesures aux combinaisons frauduleuses et variées de la mauvaise foi et du subterfuge. La patience, le zèle et la persévérance de la Commission ont eu à s'exercer sur ces obstacles et n'ont pas été dépourvues de succès. Elle a obtenu, par exemple, que chaque écrit périodique lui fût soumis en double copie, presque toujours imprimée ; elle effectue elle-même les changements et les suppressions simultanément sur chacune, remet l'une aux journalistes, se réserve l'autre et se crée ainsi un contrôle toujours subsistant qui investit l'autorité et menace les journalistes d'un moyen sûr et expéditif de vérification.

Ce moyen, la Commission est loin de le considérer comme péremptoire ; mais il a une importance qu'elle croit pouvoir faire remarquer ; car, comme ni la loi, ni l'ordonnance ne l'autorisaient, la diligence avec laquelle tous les journalistes sans exception s'y sont soumis devient un gage de celle qu'on peut attendre d'eux avec de la raison, de la persévérance, et surtout une administration qui se montrera ferme dans sa volonté.

Dociles sur ce point seulement, quelques journaux libéraux se sont montrés récalcitrants sur d'autres. Quelques-uns avaient d'abord imaginé d'envoyer à leurs souscripteurs les articles supprimés ou corrigés sous la même bande que leurs feuilles ; puis sont venus les blancs, puis les ratures figurées, puis les points ; c'est à cet expédient que depuis quelques jours ces journaux paraissent s'être arrêtés ; tracasserie puérile dans la plupart des cas qui se sont présentés jusqu'ici ; mais qui peut aussi fournir facilement des armes à la malveillance, en ouvrant la voie des interprétations mensongères à une foule de lecteurs simples ou mal intentionnés.

Un moyen de répression a été proposé : ce serait de n'apposer les visa de la Commission que sur les feuilles imprimées en pages. Cet expédient a été mûrement discuté dans la Commission et ne lui a pas paru exempt d'inconvénients de plus d'un genre. Cette censure, soit permanente au chef-lieu jusque fort avant dans la nuit, soit voyageant avec son sceau dans les diverses imprimeries de la capitale et ne poursuivant que des points, lui a semblé déroger un peu à la gravité nécessaire à sa considération, et, en attendant que la nécessité l'oblige à l'adopter, elle a préféré de déclarer aux journalistes que ceux d'entre eux qui s'obstineraient à mettre des points ne devraient plus s'attendre à jouir de la condescendance, que jusqu'à ce jour la Commission leur avait montrée, en se contentant de leur indiquer quelques suppressions ou changements à faire dans leurs articles et que désormais tout article, de quelque longueur qu'il fût, et dans lequel elle aurait noté quelques lignes ou seulement quelques mots répréhensibles, serait supprimé en entier. (Les journaux inculpés ici sont *L'Indépendant*, *Le Courrier français*, et surtout *La Renommée*.)

La Commission aurait désiré faire connaître au Conseil de surveillance le succès de cette tentative qui ne date que d'aujourd'hui, mais pressée par les instances qu'elle a reçues, elle se résigne à l'espérance de lui adresser la semaine prochaine un travail moins incomplet.

Il résulte de celui qu'elle a l'honneur d'offrir aujourd'hui au Conseil de surveillance que si elle ne lui a rien déféré dans le cours de cette première quinzaine, c'est qu'elle manquait de moyens de vérification suffisants, ou que les circonstances graves lui ont manqué ; qu'elle a cru servir les intérêts qu'elle est appelée à faire respecter en se montrant moins jalouse d'exercer ses droits que de faire prévaloir ceux de la raison ; qu'elle a lutté avec quelques succès contre les difficultés qu'elle avait à combattre ; que si elle a montré quelque partialité, c'est uniquement celle que le ministère lui-même a proclamée franchement par la voix de l'un de ses plus éloquents organes ; qu'elle a employé à peu près tous les moyens d'exécution dont elle pouvait disposer et qu'elle est bien déterminée à poursuivre son honorable tâche avec autant de confiance que de courage, forte de l'exemple que lui donne le gouvernement du Roi, et de la certitude qu'il ne lui refusera jamais l'appui légitime dont elle pourrait avoir besoin pour arriver au but de son institution.

La Commission s'est abstenue de parler des nombreux sarcasmes dont elle a été l'objet dès le lendemain de sa création ; elle a cru devoir prendre d'abord le parti commode de l'indulgence : elle pense aujourd'hui qu'un plus long dédain de la part des censeurs pourrait compromettre la censure elle-même, et cette considération prévaudra désormais sur son insensibilité [1].

C'étaient par des menaces que finissait ce premier rapport de la Commission ; il laissait pressentir une application plus rigoureuse de la loi du 31 mars et, comme conséquences, une suite de poursuites et de procès.

A ce moment d'ailleurs les circonstances politiques s'aggravaient. Le ministère Richelieu, poussé par les groupes ultras, était entré résolument dans la voie de la répression. Il en résultait un état général de malaise, de fièvre passionnée, sensible surtout en province. Un incident récent venait d'accroître encore cette exaltation. Un jeune magistrat de Nîmes, Madier de Montjau, avait adressé à la fin de mars une pétition à la

1. Rapport du 20 avril 1820.

Chambre des députés pour dénoncer les violences des ultras dans le Gard, la protection dont jouissaient de véritables assassins grâce à l'existence d'un comité secret, sorte de gouvernement occulte ; à l'appui de ce qu'il avançait, il citait des circulaires contre Decazes après l'assassinat du duc de Berry, émanées du du siège central à Paris. C'était, en termes énergiques, une dénonciation, un réquisitoire contre Monsieur et son entourage. Accueillie par tout le parti libéral comme une arme puissante, la pétition de Madier de Montjau avait eu, dans la France entière, un retentissement considérable [1].

Il parut urgent de contenir cette effervescence avant qu'elle éclatât, d'autant plus que les nouvelles étrangères, l'annonce de la révolution espagnole, entretenaient, à Paris surtout ou dans les provinces frontières, une agitation menaçante. Le gouvernement s'arrêta au moyen le plus simple et le plus immédiat : tenir en haleine les libéraux en activant la marche d'une série de procès commencés depuis un certain temps déjà et traînant encore en longueur.

Le plus important de tous, celui qui pouvait avoir le plus d'effet et frapper à la fois l'opposition des journaux et l'opposition des députés était celui que l'on avait engagé contre les promoteurs d'une souscription nationale en faveur des citoyens victimes de la loi sur la liberté individuelle. Par cette souscription, les libéraux espéraient soulever dans les départements une protestation efficace. Dès le 30 mars, un comité directeur, chargé de rassembler les fonds, s'était réuni à Paris ; il comprenait un grand nombre de députés : Laffitte, Casimir-Périer, La Fayette, d'Argenson, Kératry, Manuel, Benjamin Constant, Dupont de l'Eure. Le gouvernement riposta en intentant des poursuites judiciaires contre les journaux qui avaient publié le programme de souscription et contre les membres du Comité. *La Renommée*, *Le Constitutionnel*, *Le Censeur*, *L'Indépendant*, *Le Courrier français*, *L'Aristarque*, les *Lettres normandes*, *La*

1. Cf. les débats de la Chambre des députés, séance du 25 avril, *Moniteur*, 26 et 27.

Bibliothèque historique[1] se trouvèrent ainsi inculpés et déférés aux assises[2].

Cette affaire de la souscription nationale n'atteignait la presse qu'indirectement. Pour lui porter un coup plus radical, il fallait assurer la ruine définitive des grands recueils qui donnaient, depuis quelques années, une force si pénétrante aux idées libérales. Des trois principaux, les *Lettres normandes*, *La Bibliothèque historique* et *La Minerve*, les deux derniers avaient en apparence disparu[3] ; mais ils s'efforçaient en réalité de se survivre et, sous forme de brochures, d'échapper aux rigueurs de la censure. C'est ce subterfuge qu'il s'agissait avant tout de mettre au jour et de briser.

Les *Lettres normandes* de Léon Thiessé avaient été, peu de temps avant la loi du 31 mars, l'objet d'une poursuite judiciaire pour atteinte à l'inviolabilité du Roi et à la morale publique à propos d'un article paru dans le numéro du 27 janvier 1820, *Du 21 janvier et des cérémonies funèbres*. Le procès était venu en cour d'assises le 17 mars et Thiessé, ainsi que son éditeur Foulon, avaient été condamnés à un mois de prison et 1.000 francs d'amende[4]. Il avait appelé de ce jugement et la Cour venait justement, le 16 avril, de confirmer sa condamnation[5] au moment où le gouvernement entreprenait sa campagne contre les recueils libéraux.

Il s'en prit tout d'abord aux rédacteurs de *La Bibliothèque historique* qui se groupaient autour de Chevallier : Cauchois-Lemaire, Billotey, Boyer et l'éditeur Gossuin. Depuis qu'ils

1. Liste donnée par *La Renommée*, 9 mai.

2. Cf. sur cette affaire de la souscription nationale, outre les notes et comptes-rendus des journaux, notamment de *La Renommée* des 29, 30, 31 mai, 1er et 10 juin, et du *Moniteur* du 1er juillet, une brochure générale *Procès de la souscription nationale*, Paris, 1820, in-8° (Bibl. nat., Lb48, 1697).

3. Cf. p. 20.

4. Compte-rendu du procès : *Lettres normandes*, 29 mars 1820 ; — *Plaidoyer de M. de Berville pour M. Thiessé, auteur et rédacteur des Lettres normandes*, Paris, 1820, in-8°, 27 p. (Bibl. nat., Lb48, 1584) ; — *Plaidoyer de M. Blanchet pour M. Foulon, éditeur-responsable des Lettres normandes*, Paris, 1820, in-8°, 58 p., (Bibl. nat., Lb48, 1583) ; — *Moniteur*, 19 mars.

5. *La Quotidienne*, 17 avril.

avaient cessé la publication régulière de leur périodique, ils avaient lancé plusieurs brochures de même nature, assez nettement désignées pour qu'on en pût reconnaître la provenance : les *Documents historiques* par Chevallier, au début d'avril [1], les *Aperçus historiques* par Billotey, le 19 [2]. Presque tous les textes de ces brochures avaient trait à la pétition de Madier de Montjau et au pouvoir occulte qu'elle dénonçait. Le gouvernement commença l'attaque en poursuivant un article, *Du despotisme ministériel*, inséré à la fin de mars dans *La Bibliothèque historique* et en envoyant aux assises l'éditeur Gossuin [3]. Puis, dans les premiesr jours d'avril, les *Documents historiques* avaient été saisis par l'autorité judiciaire et les auteurs déférés en correctionnelle pour s'être soustraits à l'examen préalable des censeurs [4]. Ce fut enfin le tour des *Aperçus historiques* que l'on traduisit également devant la cour d'assises comme séditieux [5]. On se décida même, pour achever de mettre à bas cette entreprise, à porter contre Chevallier une seconde inculpation pour avoir enfreint la loi du 31 mars en continuant sous une forme dissimulée la publication de *La Bibliothèque historique* [6] ; et, devant cet ensemble de griefs, on n'hésita pas, le 20 avril, à le mettre en état d'arrestation [7].

Ces mesures rigoureuses indiquaient nettement l'intention formelle de sévir sans ménagements contre la presse. Elles ne découragèrent pas cependant les rédacteurs de *La Bibliothèque*. Trois nouvelles brochures furent publiées : le *Portefeuille politique*, à la fin d'avril [8], les *Variétés historiques* par Cauchois-Lemaire, le 4 mai [9], les *Fragments de l'histoire contemporaine*,

---

1. Bibl. nat., Lc^{2}, 1111.
2. Id., Lc^{2}, 1112.
3. Cf. les brochures citées p. 32, note 4.
4. *Le Censeur européen*, 11 avril.
5. *La Quotidienne*, 22 avril. Au début de mai, on arrêta l'imprimeur Patris, *id.*, 9 mai.
6. *Id.*, 22 avril.
7. *Id.* ; — *Le Censeur européen*, 21 avril.
8. Bibl. nat., Lc^{2}, 1113.
9. Id., Lc^{2}, 1114.

le 27[1]. Le gouvernement répondit aussitôt par de nouvelles sanctions : Cauchois-Lemaire fut, comme Billotey, traduit devant la cour d'assises[2].

Pour résister à cette répression méthodique, la tactique commune des journalistes fut de gagner du temps, de soulever toutes les difficultés de procédure possibles, de retarder les débats de ces multiples procès. Pendant plus de quatre mois, l'instruction, la correctionnelle et les assises furent occupées sans trêve par ces affaires qui offraient matière à de retentissantes plaidoiries et dont les comptes-rendus tolérés permettaient aux journaux de braver les sévérités de la censure. La liste de cette série de procès forme à cet égard un tableau saisissant qui donne une idée précise de cette lutte opiniâtre pour défendre les derniers vestiges de la liberté de la presse[3] :

1° Gossuin, pour *La Bibliothèque historique*, passe en assises le 30 juin et est condamné à la prison[4].

2° Chevallier et Gossuin, pour les *Documents historiques*, passent en correctionnelle le 23 avril, demandent la remise de l'affaire[5], comparaissent le 3 juin, obtiennent un nouvel ajournement[6], sont condamnés le 5 juillet à l'amende et à la prison, font appel et voient leur condamnation confirmée par la cour le 19[7].

3° Billotey et Gossuin, pour les *Aperçus historiques*, sont condamnés, par défaut, le 27 mai, par la cour d'assises, à 5 ans de prison et respectivement 6.000 et 12.000 francs d'amende[8].

---

1. Id., Lc[2], 1115.
2. *Moniteur*, 29 mai.
3. Les seuls documents dont on dispose pour établir cette liste sont les journaux ; les renseignemants qu'ils fournissent restent le plupart du temps dans le vague et offrent souvent des lacunes.
4. Cf. *Plaidoyer prononcé à la cour d'assises du département de la Seine, le 30 juin 1820, par M. Mocquart pour M. Gossuin...*, Paris, 1820, in-8°, 26 p. (Bibl. nat., Lb[48], 1695) ; — *Défense et profession de foi de César Eugène Gossuin*, Paris, 1820, in-8°, 16 p. (Bibl. nat., Lb[48], 1613).
5. *La Quotidienne*, 22 avril ; — *Moniteur*, 30 avril.
6. *Moniteur*, 4 juin.
7. *Id.*, 21 juillet.
8. *La Renommée*, 28 mai ; — *Journal de Paris*, 28 mai ; — *Moniteur*, 29 mai.

Après appel, ils comparaissent de nouveau le 28 juin et sont condamnés à 3 mois de prison et 1.000 francs d'amende [1].

4° Chevallier, Boyer et Gossuin, pour *La Bibliothèque historique*, comparaissent le 3 juin devant la correctionnelle, obtiennent la remise de l'affaire [2] et sont condamnés par défaut le 4 juillet [3].

5° Cauchois-Lemaire, pour les *Variétés historiques*, après une longue enquête en juin [4], passe en assises avec son imprimeur Patris, le 31 juillet, et, après une plaidoirie de M. Rumilly, obtient un acquittement [5].

Cette répression persistante eut enfin raison des efforts de Chevallier et de ses amis. Ce fut la fin de *La Bibliothèque historique* et de cette suite de brochures qui avaient tenté de la prolonger en la dérobant à la censure.

Ce fut dans une lutte analogue que succomba de son côté *La Minerve*. L'influence qu'elle s'était acquise en province la rendait plus dangereuse encore aux yeux du gouvernement. Mais le ton plus mesuré de ses articles offrait moins de prise aux poursuites devant la cour d'assises. La librairie qu'avait fondée Lacretelle aîné [6] n'avait d'autre dessein que de publier irrégulièrement des brochures pour essayer de les servir aux anciens abonnés de *La Minerve*. Coup sur coup, dans la première partie d'avril, on en put distribuer plusieurs : *La Galerie* [7], *Lettres sur la situation de la France* [8], *Considérations politiques et morales* [9]. Le gouvernement résolut de les arrêter à Paris même avant leur diffusion dans les départements. Tous les exemplaires que l'on

1. *Le Drapeau blanc*, 29 juin ; — *Moniteur*, 29 juin.
2. *Le Drapeau blanc*, 4 juin ; — *Moniteur*, 4 juin.
3. *Moniteur*, 6 juillet.
4. *Id.*, 1er et 14 juin ; — *Le Drapeau blanc*, 14 juin ; — *Le Courrier français*, 14 juin ; — *Le Constitutionnel*, 15 juin.
5. *Moniteur*, 1er août. Cf. *Plaidoyer prononcé... le 31 juillet 1820 par M. Rumilly, pour M. Cauchois-Lemaire...*, Paris, 1820, in-8°, 44 p. (Bibl. nat., Lb48, 1717).
6. Cf. p. 24.
7. Bibl. nat., Lb48, 1585.
8. Id., Lb48, 1577.
9. Id., Lb48, 1607.

trouva furent saisis à la poste et les éditeurs inculpés d'infraction à la loi de censure [1]. Ces précautions n'empêchèrent pas cependant un grand nombre de ces feuilles de parvenir à destination [2]. Les procureurs-généraux reçurent alors l'ordre de mettre la main sur tous ces fascicules qui paraîtraient en public. Ce fut, chez les libraires, dans les cabinets de lecture, des perquisitions prolongées qui donnèrent lieu parfois à des poursuites judiciaires [3].

Lacretelle n'eut pas la persévérance des éditeurs de *La Bibliothèque historique*. Ces trois brochures d'avril furent les seules suites de *La Minerve*. Mais, suivant la tactique adoptée, il réussit, après une première comparution en correctionnelle le 23 avril, à faire traîner les débats de son procès jusqu'en 1821 [4].

A côté des grands périodiques, il fallait songer aux quotidiens dans cette œuvre de répression. Cette tâche revenait plus directement à la Commission de censure. Elle décida de tenter dès lors une application rigoureuse de la loi. Son premier soin pour y parvenir fut de préciser nettement les procédés pratiques du dépôt et de l'examen des manuscrits ou des épreuves, qui étaient restés jusque-là variables et irréguliers. Le soir même du 20 avril, elle adressa à tous les périodiques la lettre suivante :

Pour faciliter l'expédition des journaux, la Commission de censure propose à MM. les éditeurs :

1° d'envoyer, de midi à 1 heure, au bureau de la Commission, leurs articles de nouvelles étrangères et en général tous les articles qui ne tiennent pas précisément à la circonstance ou à la discussion du jour même ;

---

1. *Le Constitutionnel*, 12 avril.

2. Rapport du procureur-général d'Amiens, 25 mai 1820, Arch. nat., BB^{30} 237.

3. Cf. notamment les rapports des procureurs-généraux de Besançon, 19 juin, Arch. nat., BB^{30} 237, de Rennes, 10, 22, 31 mai, id., BB^{30} 238, et une note dans *La Quotidienne*, 21 mai.

4. Cf. *Mémoire pour M. P. L. Lacretelle contre le jugement par défaut du 16 décembre 1820 (par M. Persil, défenseur)*, Paris, mars 1821, in-8° (Bibl. nat., Lb^{48}, 3264).

2° d'envoyer, pour les jours de dimanche seulement, tous leurs articles de midi à 1 heure, et non pas à 7 heures du soir [1].

La Commission réclamait par cette lettre le dépôt des manuscrits douze heures avant l'impression, pour un examen plus attentif ; elle arrêtait ainsi la diffusion trop prompte des nouvelles susceptibles d'entretenir l'agitation. Cette pratique devint quelques jours après une règle imposée pour toutes les informations étrangères [2].

La conséquence de ce système fut de permettre aux censeurs un bien plus grand nombre de suppressions qu'aux premiers jours. Les quelques chiffres précis donnés par les journaux laissent voir jusqu'où put aller cette rigueur de la Commission : pour le seul exemplaire de *La Renommée* du 21 avril, six articles sont rejetés, un ajourné [3] ; *Le Constitutionnel* compte 2.500 lignes refusées pendant la fin du mois [4] et *La Renommée* dresse un bilan expressif de tout ce qui, chez elle, est revenu biffé d'un implacable trait de plume : 127 articles formant 4.682 lignes, 57.450 mots et 187.250 lettres [5].

C'étaient en effet ces deux feuilles, *Le Constitutionnel* et *La Renommée*, que la Commission cherchait avant tout à atteindre. *Le Constitutionnel* se trouvait déjà poursuivi pour un article antérieur au régime de censure, inséré dans le numéro du 23 février et contenant, suivant l'accusation, des provocations à la guerre civile. Le 11 avril, la cause était passée devant les assises et l'éditeur-responsable Bidault s'était vu condamné par défaut à 5 ans de prison et 12.000 francs d'amende [6]. L'affaire revint, après appel, le 13 mai et, malgré un vif débat, la première sentence fut en partie confirmée (2 ans de prison et 10.000 francs d'amende) [7]. Dans l'intervalle, la Commission avait agi ; elle

1. Publiée par *La Renommée*, 21 avril.
2. *Le Censeur européen*, 13 mai.
3. *La Renommée*, 21 avril.
4. *Le Constitutionnel*, 3 mai.
5. *La Renommée*, 4 mai.
6. *Le Constitutionnel*, 12 avril.
7. *Id.*, 14 mai ; — *Moniteur*, 14 mai.

avait fait intenter des poursuites pour contravention à la loi de mars ; dès le 22 avril, la correctionnelle condamna de son côté Bidault à 1 mois de prison et 200 francs d'amende [1].

Plus encore que *Le Constitutionnel*, *La Renommée* représentait pour la Commission l'esprit de résistance. Elle groupait, pour ainsi dire, les efforts des journalistes libéraux. C'est d'elle que venaient surtout ces pratiques imaginées pour éluder en partie les opérations des censeurs, ces blancs et ces tirets dont usaient journellement les feuilles de toutes nuances. Dès le début du mois, elle avait ouvert les hostilités et cherché tout ce qui pourrait entraver le fonctionnement de la censure : dépôt tardif des manuscrits, refus d'en livrer deux exemplaires comme l'exigeaient les censeurs, etc... La Commission avait riposté en se montrant plus méticuleuse et plus sévère. Le dépôt tardif l'importunait surtout ; le 9 au soir, elle avait conservé la plus grande partie des épreuves et s'était contenté de renvoyer à la place un simple billet d'avis : « Les articles de *La Renommée* n'ayant pu être examinés qu'après 11 heures et la Commission n'étant plus complète, on retient pour demain les articles sur lesquels on ne peut délibérer en ce moment [2]. » L'éditeur-responsable Legracieux avait aussitôt profité de l'occasion pour attaquer en justice la Commission et pour réclamer des dommages et intérêts. Il se plaignait en même temps de la partialité constante dont on faisait preuve à son égard. Le 14 avril, il se décida à exposer ses griefs dans une pétition à la Chambre des députés : il y retraçait avec détails tous les abus de la Commission et transcrivait les principaux articles supprimés. Il s'agissait de renouveler l'agitation provoquée par la pétition Madier de Montjau et, pour émouvoir l'opinion, Legracieux publia en brochure le texte qu'il avait envoyé à la Chambre [3]. Quelques

---

1. *Le Constitutionnel*, 23 avril.
2. Publié dans *La Renommée*, 10 avril.
3. Ce document essentiel pour l'histoire des premiers jours de la censure se trouve joint au dossier des Archives nationales, BB[30] 268. La brochure figure à la Bibl. nat. sous la cote Lb[48], 1565. Elle est également imprimée en supplément au numéro de *La Renommée* du 17 avril.

jours après, le 26, il adressa au Conseil de surveillance un placet rédigé presque dans les mêmes termes [2].

Cette résistance de Legracieux ne fit qu'accroître l'exaspération de la Commission contre *La Renommée*. Lorsqu'elle eût décidé d'agir, elle ne chercha plus qu'à déchaîner contre la feuille libérale une poursuite judiciaire dont elle ne pourrait se relever. Le 4 mai, elle commença par adresser au Conseil de surveillance une sorte de rapport supplémentaire pour la dénoncer spécialement.

La Commission de censure a l'honneur de vous adresser le relevé sommaire des infractions commises depuis le 17 avril par l'éditeur responsable de *La Renommée*, tant à la loi du 31 mars qu'à l'ordonnance du 1er avril.

La Commission de censure a dénoncé le 30 avril à Monsieur le Directeur Général de la police du Royaume ces mêmes infractions, pour qu'il puisse en faire poursuivre les auteurs.

La Commission, Messieurs, met sous vos yeux ce corps de délits afin que vous jugiez dans votre sagesse, s'il n'offre pas un assez grave motif de prononcer la suspension du journal *La Renommée*, dont les auteurs témoignent si peu de respect pour la loi et pour l'autorité chargée de la faire observer.

Relevé sommaire des infractions commises depuis le 17 de ce mois par l'éditeur responsable de *La Renommée*, tant à la loi du 31 mars, qu'à l'ordonnance du 1er avril :

1o

Dans l'article *Paris* (feuille du 18 de ce mois, no 280), la censure avait cru devoir supprimer les deux phrases suivantes :

« La physionomie de la cour était peu animée ; on s'apercevait au « cercle peu nombreux qui entourait .... que les bruits d'un change- « ment dans le ministère avaient obtenu quelque crédit. L'affluence « au pavillon Marsan était considérable. »

La première de ces deux phrases était remplacée par deux lignes de traits figurés. La deuxième était rétablie.

---

2. Dans le dossier des Archives et imprimée en brochure, Bibl. nat., Lb48, 1590. A ces textes de Legracieux, il faut ajouter la réponse que la Commission envoya le 8 mai au Conseil de surveillance.

2°

Dans un article relatif à la loi du 31 mars (feuille du 19, n° 281), la censure avait supprimé les phrases suivantes :

« On voit encore que cette dernière hypothèse n'est pas admis« sible.A quoi donc faut-il attribuer la loi nouvelle ? à l'inhabilité « des hommes qui en dictèrent le projet à M. Decazes. »

Ces lignes se trouvent rétablies.

3°

L'éditeur s'étant présenté à 4 heures du matin pour faire apposer le visa de la censure sur sa feuille du 23, n° 284, et n'ayant trouvé personne au bureau, a pris le parti de passer outre et de publier sans permis d'imprimer la totalité de son journal ; encore y a-t-il inséré ces mots supprimés par la Commission : « et à l'appui de « laquelle la censure lui fournit chaque jour de nouveaux sujets « de plainte [1]. »

4°

La feuille du 29, n° 290, a été comme la précédente publiée sans visa ; et cette fois l'éditeur ne s'est pas même présenté pour le demander.

5°

Même infraction complète pour la feuille de ce jour 30 avril, n° 291 [2].

Le 15, la Commission revenait à la charge ; elle demandait cette fois la suspension que le Conseil était en droit de prononcer de sa propre autorité.

La Commission royale de censure doit compte au Gouvernement de S. M. du résultat de ses opérations, depuis le rapport qu'elle a eu l'honneur de vous adresser le 20 avril dernier.

Dès cette époque, elle vous exposa que, nonobstant quelques infractions à la loi du 31 mars et à l'ordonnance du 1er avril, elle avait cru d'une part, devoir, dans ces premiers moments, accorder quelque chose au temps et aux réflexions intéressées de certains éditeurs

---

1. Voici l'ensemble de la phrase incriminée : « *L'Oracle* de Bruxelles contient « un extrait de la pétition que l'éditeur responsable de *La Renommée* a présentée « à la Chambre des députés, et à l'appui de laquelle... »

2. Rapport du 4 mai 1820.

propriétaires de journaux ; et de l'autre, s'abstenir d'une sévérité trop rigoureuse envers quelques autres qui se sont constamment montrés fidèles aux principes conservateurs de l'ordre public. La Commission ne croit pas avoir à se repentir d'une marche qui caractérise tout à la fois l'indépendance et la circonspection de ses membres. La presque totalité des journaux se conforme aujourd'hui littéralement à la législation nouvelle, et, si l'esprit de plusieurs est demeuré le même, on a pu remarquer du moins que l'expression en était devenue moins hostile et plus constitutionnelle. La Commission ne se flatte pas de légitimer les intentions, de réformer les arrière-pensées, de convertir les esprits incorrigibles : elle ne marche pas à la conquête des opinions, conquête réservée à la prudente fermeté du Gouvernement du Roi ; mais elle croirait avoir justifié la confiance dont il l'honore, si, durant le cours de ses utiles fonctions, cette guerre de plumes passionnées se changeait en une lutte de talents patriotiques, et si quelques habitudes de sagesse et de raison succédaient à l'ardeur des oppositions et des résistances.

Ce serait déjà quelque chose sans doute que d'avoir obtenu la réduction du nombre de certains écrits périodiques ; mais il ne faut pas compter beaucoup sur l'influence de l'exemple donné pendant cette quinzaine par deux feuilles *(L'Indépendant* et *L'Aristarque)* qui, découragées par la censure ou abandonnées de leurs lecteurs, ont disparu d'elles-mêmes ; la Commission pense que le moment est venu de seconder ses efforts et son zèle par l'action des tribunaux, et de faire enfin justice des journaux que rien n'aurait pu déterminer à s'y soumettre.

La Renommée s'est distinguée parmi ceux-ci par une persévérante opposition ; après des infractions réitérées, elle a pris tout simplement le parti de se passer du visa de la censure ; elle n'a pas discontinué de se soumettre à l'examen préalable, mais depuis plusieurs jours, elle ne reçoit plus de permis d'imprimer, et elle publie sans l'avoir reçu. Monsieur le Directeur Général de la police a été journellement informé de ces contraventions, et la Commission a lieu de croire que le ministère public en poursuivra le châtiment. Le Gouvernement aura à juger si c'est le cas d'appliquer aux éditeurs de *La Renommée* la suspension prononcée par l'article 6 de la loi du 31 mars : la Commission n'hésite pas à penser qu'un exemple est devenu indispensable et qu'une mesure d'exception qui n'atteindrait pas l'abus qui l'a nécessitée ne ferait que donner des armes à la malveillance, sans profit pour l'ordre public.

La Commission ne terminera pas ce rapport sans appeler votre attention sur un abus dont un seul exemple est parvenu à sa connaissance, mais qui peut être plus multiplié qu'elle ne l'imagine et qui aurait, en se multipliant, de graves inconvénients. Un journal purement littéraire, et, comme tel, exempt de la censure, a dernièrement, dit-on, inséré dans un article de *mélanges* des réflexions politiques d'une haute inconvenance en annonçant la pension qu'il a plu au Roi d'accorder à un homme de lettres.

Ce journal s'appelle *Le Fanal*, cet homme de lettres est M. Arnault [1].

Enfin quelques journaux de départements se permettent de temps en temps des articles qui bien certainement ont échappé à la censure, s'ils ne l'ont pas bravée. La Commission n'a fait que son devoir en ne permettant pas que ces articles fussent copiés dans les feuilles périodiques de la capitale. Les ministres du Roi savent ce qu'ils ont à faire pour prévenir le retour des scandales de cette espèce [2]......

Pendant que *La Renommée* opposait à la Commission sa résistance incessante, l'entreprise des brochures avait commencé sa propagande.

Lacretelle, absorbé par la composition des feuilles destinées à continuer *La Minerve*, n'avait encore pu lancer qu'un court libelle, vers le 10 avril : *Un mot sur la pétition de M. Madier de Montjau*, par Jay [3]. Corréard avait déployé plus d'activité. Il était parvenu à publier sans discontinuer une série de petits pamphlets sur les événements contemporains où le gouvernement et le parti royaliste se trouvaient attaqués avec une singulière violence : le 5 avril, *A bon entendeur salut*, le 7, *Du système ministériel*, le 8, *Questions à l'ordre du jour*, le 10, *Un peu de tout*, le 11, *De la censure et des censeurs*, le 12, *Un pamphlet* et

1. Le titre exact du journal, d'après Hatin, *Bibliographie de la presse périodique*, p. 345, est le suivant : *Le Fanal des théâtres, de la littérature, des sciences et des arts*. Ce fut une feuille éphémère qui, créée en 1819, disparut en 1820. La note dont il est ici question doit être semblable à celle publiée par *La Renommée*, le 1er mai : « Quelques journaux ont annoncé comme une faveur la pension « de 6.000 fr. dont M. Arnault vient d'être mis en possession. Nous ne saurions y voir qu'un acte de justice. Pendant les vingt années que M. Arnault « a occupé des places dans la carrière administrative, on lui a fait subir sur son « traitement une retenue destinée à former le fonds de la pension de retraite « qu'il vient d'obtenir. »

2. Rapport du 5 mai 1820.

3. Bibl. nat., Lb[48], 1576.

Lettre de M. de Kératry à M. le baron Mounier, le 13, *Le réveil-matin*, le 15, *Le présent est gros de l'avenir*, le 16, *Pétition de M. Madier de Montjau*, le 17, *Vérités vraies*, le 18, *Entendons bien nos intérêts*, le 20, *Défendons nos droits*, le 22, *C'est mon opinion*, le 23, *Justice et raison*, le 24, *La plume patriotique*, le 26, *De choses et d'autres*, le 27, *Réflexions d'un patriote*, le 28, *Mosaïque*, le 29, *Les opinions sont libres*, le 30, *Lettre de M. Madier de Montjau*, le 1er mai, *Rien de trop*, le 4, *Pot-pourri*, le 5, *Aperçus politiques*, le 6, *L'observateur impartial* [1]. Ces brochures s'étaient si rapidement répandues en province [2] qu'il avait fallu prendre des mesures. Cinq avaient déjà été poursuivies et saisies : *Questions à l'ordre du jour* [3], *Pétition de M. Madier de Montjau* [4], *Défendons nos droits* [5], *Les opinions sont libres* [6], *Lettre de M. Madier de Montjau* [7].

Pour l'instant cependant, seule *La Renommée* donnait des inquiétudes sérieuses. C'est elle encore que visait surtout la Commission dans son rapport du 8 mai :

Pendant les six premiers jours de la semaine qui vient de s'écouler, *La Renommée* a remplacé par des blancs remplis de tirets les suppressions de la censure. La Commission s'en réfère sur cet objet aux rapports qu'elle a précédemment adressés au Conseil de surveillance, et notamment à celui qu'elle lui adresse aujourd'hui en réponse au placet de l'éditeur responsable de *La Renommée*.

Dans sa feuille du 3 mai, le même journal a commis une infraction en terminant le dernier paragraphe de la 4e page par ces mots qui

---

1. Cette liste, qui montre le rôle de Corréard dans cette résistance à la censure, est composée d'après 1° : le *Catalogue de l'Histoire de France* de la Bibl. nat., t. III, où la plupart de ces brochures figurent sous la cote Lb48, 1560 et suiv. ; — 2° : quelques renseignements fournis par Hatin, *Bibliographie de la presse périodique*, p. 338 ; — 3° : les indications éparses dans les journaux ; — 4° : une lettre du procureur du roi de Rouen au préfet de la Seine-Inférieure, du 3 juin 1820, pour l'aviser de la saisie d'un certain nombre de ces brochures, Arch. nat., BB30 238.

2. Lettre citée du procureur du roi de Rouen.

3. *La Renommée*, 12 avril.

4. *Id.*, 19 avril.

5. *Le Constitutionnel*, 1er mai.

6. *La Renommée*, 3 et 8 mai ; — *La Quotidienne*, 3 mai.

7. *La Renommée*, 3 mai.

n'ont pas été soumis à la censure : « Mais du moins le magistrat aura « la consolation de ne l'ouvrir que rarement ». Cette addition en soi est innocente. Le Conseil de surveillance jugera si elle doit être jointe aux autres infractions et devenir avec elles l'objet d'une poursuite judiciaire.

Le Courrier français, dans sa feuille du 2 mai, a laissé subsister au 2e paragraphe de la 1re colonne de la 3e page, cette phrase que la Commission avait rayée : « la police entre en partage ». La contravention est formelle et porte sur un passage vraiment répréhensible.

Le Censeur européen, dans son numéro du 4 mai, a commis une faute pareille quoiqu'un peu moins grave, en laissant subsister, à la 2e colonne de la 1re page, les mots suivants que la Commission avait retranchés :« et des papiers faux fabriqués pour se procurer « de l'argent » [1].

Dans un article du *Drapeau blanc* inséré au numéro du 6 mai, la Commission avait rayé de cette phrase, *notre bonne chambre des Députés*, le mot *bonne* comme un peu trop familier ; l'éditeur l'a rétabli. La Commission avait retranché une autre phrase où la Chambre était accusée de perdre son temps ; l'éditeur l'a remplacée par cette autre phrase : « si indulgente pour les vols qu'on lui fait « d'un temps qui ne lui appartient pas » [2].

La Quotidienne, dans sa feuille du même jour, a pris la même liberté ; elle a de même remplacé quelques mots rayés par d'autres mots qui en atténuent et en modifient le sens. *La Quotidienne* et *Le Drapeau blanc* seraient plus excusables si la Commission, par ses suppressions, avait mutilé le sens ou la construction des phrases ; mais c'est un inconvénient qu'elle évite avec le plus grand soin. Les substitutions que ces deux journaux ont faites n'ont rien de répréhensible en soi ; mais remplacer des phrases par d'autres est un droit que la loi n'accorde pas aux journalistes, et dont ils pourraient étrangement abuser. La Commission pense qu'il doit lui suffire d'en faire l'observation au *Drapeau blanc* et à *La Quotidienne*.

---

1. Dans les nouvelles d'Italie : « Il est certain que ce sont les embarras de « finances et des papiers faux, fabriqués pour se procurer de l'argent, qui ont « engagé Monseigneur Pacca à s'enfuir. »

2. Voici l'ensemble de la phrase, extraite d'un article intitulé *La faction des impatients*, qui fait allusion à la pétition Madier de Montjau : « Le succès de « scandale qu'avait obtenu tout récemment un dénonciateur à la nouvelle « mode semblait m'encourager à suivre cet exemple et à m'adresser à notre « bonne Chambre des députés, si indulgente pour les vols qu'on lui fait d'un « temps qui ne lui appartient pas... »

Tous les autres journaux se sont exactement conformés aux décisions de la censure.

Les opérations de la Commission sont devenues un peu plus faciles. En général, les journalistes qui ne veulent perdre ni leur temps, ni leur argent, ont su, par les choses qu'on admettait ou qu'on rejetait, dans quel esprit la Commission opérait, par conséquent ,dans quelles limites ils devaient renfermer eux mêmes l'expression de leur opposition quelconque, et il est rare que maintenant ces limites soient franchies par eux. *Le Drapeau blanc*, pour les affaires d'Espagne principalement, et *La Renommée*, pour les affaires de toute espèce, sont presque les deux seuls journaux de qui la Commission n'ait pas pû obtenir encore quelque modération ou quelque bonne foi [1].

Ces dénonciations répétées avaient fini par décider le gouvernement à sévir contre *La Renommée*. Vers le 10 mai, elle fut déférée au tribunal correctionnel [2].

Cette mesure de rigueur coïncidait d'ailleurs avec une recrudescence de l'agitation générale. Depuis le début du mois de mai, la situation à Paris était devenue plus tendue. Le ton plus acerbe des journaux, une sorte d'exaltation confuse laissaient pressentir quelque violente manifestation prochaine. C'est au milieu de cette inquiétude fiévreuse que se répandit, le 7, la nouvelle d'un attentat aux Tuileries. Il s'agissait en réalité d'un incident sans gravité : un nommé Gravier, ancien capitaine des lanciers de la Garde impériale, avait été arrêté au moment où il plaçait un pétard de poudre sous un des guichets du Louvre [3]. Mais aussitôt le parti royaliste s'empara de l'affaire et, comme en février après l'attentat de Louvel, en fit peser la responsabilité sur les journalistes et les députés libéraux. On insinua que Gravier n'était qu'un des agents de l'opposition révolutionnaire, qu'il avait pris avant d'agir les ordres des meneurs du parti, Benjamin Constant, Laffitte, Casimir-Périer. *La Gazette de France*, dans sa feuille du 9, précisa, sous une forme dissimulée, ces bruits de

1. Rapport du 8 mai 1820.
2. *Moniteur*, 11 mai.
3. *Le Censeur européen*, 8 mai.

complicité ; elle écrivit que Gravier avait dîné avec de *constants* libéraux et, pour mieux indiquer son intention, elle imprima en italiques le mot constant. La presse libérale releva avec indignation ces procédés de polémique par allusions calomnieuses et Benjamin Constant porta l'incident à la tribune de la Chambre dans la séance du 12 : il dénonça par-dessus tout la partialité manifeste de la Commission qui, après avoir proclamé son désir de supprimer toute injure personnelle, laissait passer de telles accusations dirigées contre les libéraux ; il s'éleva contre un régime où la surveillance des écrits dépendait de quelques censeurs qui semblaient pris « dans ce qui reste de la fange révolutionnaire ». Le débat se poursuivit dans la séance du 15 où, malgré la réponse du ministre de l'Intérieur qui vint défendre la censure, Benjamin Constant maintint ses reproches de partialité scandaleuse. Le 13 mai déjà, les censeurs dans leur rapport, avaient cherché à dégager leur responsabilité :

La Renommée n'a commis aucune infraction, mais chaque jour elle a remplacé par des tirets les articles ou passages supprimés.

Le Courrier français, *Le Censeur européen* et le *Journal du Commerce* ont quelquefois imité *La Renommée*. On ne peut douter qu'ils n'y aient été encouragés par la longue impunité dont a joui cette dernière feuille. Maintenant qu'elle est en jugement, on peut espérer qu'ils éviteront d'avoir avec elle ce point de ressemblance.

Des journaux de l'une et de l'autre opinion ont quelquefois substitué des mots à d'autres ; quelquefois ils en ont ajouté qui n'étaient pas sur les épreuves approuvées ; quelquefois enfin ils en ont conservés qui avaient été rayés. Comme, en général, ces substitutions, ces additions et ces rétablissements de mots n'avaient que peu ou point d'importance, on peut présumer que, dans le dernier cas, les ouvriers imprimeurs ont oublié de faire les suppressions indiquées par la censure, et que, dans les deux autres cas, les éditeurs se sont cru le droit de faire des changements de rédaction qui n'influaient pas sur le sens. Il est certain que l'avantage que ces journaux pouvaient tirer de ces espèces d'infractions n'était pas en proportion avec le risque qu'ils couraient si on les eût dénoncés. Il est donc naturel d'imaginer qu'il y a eu de leur part soit imprudence seulement, soit inadvertance, et on croit qu'il suffit de les en avertir, afin qu'ils l'évitent désormais.

Le Censeur européen, qui est un de ceux à qui l'on peut reprocher le plus de ces infractions qu'on veut bien appeler sans conséquence, en a commis une plus grande en rétablissant dans sa feuille du 14 cette phrase que la censure avait supprimée, comme pouvant contenir un fait faux et propre à jeter du discrédit sur l'instruction relative à la souscription nationale : « Des lettres de Lyon annoncent que, sur la « demande de M. le duc d'Angoulême, les poursuites commencées « dans cette ville à l'occasion de la souscription nationale ont été « abandonnées. »

La plus considérable des infractions de la semaine, au moins pour ses conséquences, est celle que *La Gazette de France* a commise dans sa feuille du 9, en imprimant après coup avec des caractères italiques le mot *constans* qui était imprimé en caractère romain dans cette phrase d'une épreuve vue et approuvée par la Commission : « Gravier, « la veille de son arrestation, avait dîné avec de grands et *constans* « libéraux de sa force. » *Le Constitutionnel* attaqua *La Gazette* à ce sujet mais en attaquant aussi la Commission... qui [cependant] déféra sur le champ au ministère l'infraction de *La Gazette* [1]. Le Conseil de surveillance sait que le tort de ce journal, dont la Commission est absolument innocente, a été la cause et en partie le sujet de la violente dénonciation que M. Benjamin Constant a faite contre elle dans la séance de vendredi.

L'amélioration que nous avions cru apercevoir, la semaine dernière, dans le ton des journaux, ne s'est pas tout à fait soutenue. D'un côté, la violence, et de l'autre la mauvaise foi se sont remontrées comme aux premiers jours de notre exercice, et nos opérations sont redevenues presque aussi difficiles qu'à cette époque [2].

L'agitation ne faisait en effet que croître et les derniers incidents soulevés à la Chambre par Benjamin Constant avaient montré à quel degré d'effervescence étaient parvenus les esprits. A ce moment justement s'ouvraient devant les Pairs les débats du procès de Louvel. Tout le parti des ultras espérait voir compromettre dans une vague complicité les agitateurs libéraux. Ce fut donc une déception lorqu'ils apprirent que la Commission d'enquête n'avait pu trouver trace de cette complicité que l'on

1. Cf. *Le Constitutionnel*, 11 mai.
2. Rapport du 13 mai 1820.

insinuait et que le rapporteur, Bastard de l'Etang, établissait que l'assassinat du 13 février était un crime isolé [1]. La presse royaliste dénonça ce rapport et *La Quotidienne*, plus violente, prit vivement à parti son auteur dans un article du 18. La Chambre des Pairs exigea des poursuites, d'autant plus que l'article avait été biffé presque en entier par la Commission de censure [2].

La Renommée a continué à remplacer par des tirets les passages ou les articles supprimés.

Le Courrier français et le *Journal du Commerce* ont suivi plusieurs fois l'exemple de *La Renommée*.

Le 15, *Le Drapeau blanc*, soit inadvertance, soit insoumission, a conservé, sous la rubrique de Londres, un petit article relatif à l'île Sainte-Hélène, que la Commission avait supprimé. L'article, du reste, n'avait d'autre danger que de rappeler un nom qu'il serait à souhaiter que l'on oubliât [3].

Le 17, *La Gazette de France*, dans un article sur la Charte, a omis d'imprimer le mot *peut-être* que la Commission avait ajouté à une phrase pour en atténuer le sens : il est présumable que ce n'est qu'une inadvertance.

La plus grande des infractions a été commise le 18 par *La Quotidienne*. Elle a imprimé en entier un article sur le rapport de M. Bastard de l'Etang à la Chambre des Pairs, article fort répréhensible en lui-même et que la Commission avait rejeté. *La Quotidienne* prétend que sur l'épreuve qui lui fut renvoyée avec le permis d'imprimer, une partie de cet article n'était pas biffée bien que l'article le fût en entier dans le double de l'épreuve conservé par la Commission. Ce moyen de justification est peu valable ; les deux portions d'article, l'une biffée, l'autre non biffée, avaient un rapport nécessaire : celle qui ne portait pas la marque de la suppression n'avait de sens qu'autant que l'autre y restait jointe ; la suppression de celle-ci entraînait celle de la première. *La Quotidienne* pouvait à la rigueur publier la

1. Le rapport Bastard de l'Estang se trouve imprimé en brochure, Bibl. nat., Lb^{48}, 3171.

2. L'affaire vint en assises le 24 juin. Mély-Jeannin et Letournel, rédacteur et éditeur de *La Quotidienne* furent acquittés. Cf. *La Quotidienne* et *Le Drapeau blanc*, 25 juin.

3. « Les nouvelles de Sainte-Hélène, du 26 mars, n'offrent point d'intérêt. « Buonaparte se portait bien et s'occupait de jardinage. Il se refusait à toute « espèce de visite. »

partie non biffée, mais elle eût publié un non-sens ; elle aima mieux croire que la Commission s'était trompée en rayant ce qu'elle avait rayé ; et de la non-radiation d'une partie privée de sens par elle-même, elle conclut le droit de publier le tout, au lieu de tirer cette autre conséquence beaucoup plus raisonnable : puisque la partie non biffée ne peut être imprimée seule, et que la partie biffée ne peut pas être imprimée du tout, il ne faut rien publier de l'article. De quelque manière que l'on raisonne, une chose rejetée par la Commission a été publiée par *La Quotidienne* : il y a donc une infraction réelle ; c'est tout ce que nous avons à constater. Le tort de l'article en lui-même est une question qui ne nous concerne pas. Nous devons cependant déclarer, dans l'intérêt de la justice, que de tous les journaux *La Quotidienne* est celui qui se conforme non seulement avec le plus d'exactitude, mais avec le plus d'empressement et de docilité aux décisions de la Commission de censure.

La loi a soustrait à la connaissance de la Commission le compte-rendu des séances de la Chambre des députés, parce que n'y assistant pas, elle ne peut juger si le récit en est fidèle, mais elle peut juger du moins si les rédacteurs des séances se sont bornés, comme ils le doivent, à rapporter, en entier ou par extraits, les discours des députés, et s'ils n'y ont pas joint des réflexions qui leur fussent propres. Ce tort a été celui de plusieurs journaux dans la semaine dernière :

Le Drapeau Blanc, feuilles des 18, 19 et 20, s'est permis d'intercaler dans le récit des séances, des observations de son fait, qu'il ne nous appartient pas de qualifier, mais que nous déférons comme infractions à la loi et à l'ordonnance du Roi qui établissent la censure.

Le 19, *La Renommée* a fait précéder le compte-rendu de la séance de quelques phrases historiques, qui, n'appartenant à aucun discours des députés, et n'ayant pas été soumises à la censure, constituent encore une infraction [1].

Le 18, *Le Constitutionnel*, à la suite du discours de M. Royer-Collard, décrit l'impression que ce discours a produite et y voit *le triomphe de l'éloquence de la raison*. Il nous semble qu'en exprimant ainsi sa propre sensation, le rédacteur a outrepassé les limites d'un droit que l'usage a comme consacré, celui de marquer, dans de courtes

---

1. La Commission doit ici commettre une erreur : le numéro du 19 de *La Renommée* ne contient aucun commentaire de ce genre ; il s'agit sans doute du numéro du 18 où le compte-rendu de la séance du 17 est précédé d'un paragraphe pour annoncer que l'empressement du public à assister à la séance est tel qu'un grand nombre de personnes ont passé la nuit sous le péristyle.

parenthèses, l'effet quelconque des discours sur telle ou telle partie de l'assemblée.

Enfin les 19, 20 et 21, *Le Censeur* a intitulé le compte-rendu de la séance : *Discussion sur le projet de loi contre les élections* ; et dans le compte-rendu du 19, il s'est permis une réflexion peu convenable sur une phrase relative aux Suisses [1].

Depuis le 15 mai, avaient commencé à la Chambre les débats sur le projet de loi électorale : le gouvernement proposait de restreindre le droit actuel de suffrage par un système qui permettait à un certain nombre de censitaires de voter deux fois et qui favorisait les grands propriétaires au détriment des industriels et des commerçants. Il s'agissait de compléter le groupe des lois répressives, d'atteindre, après la liberté individuelle et la liberté de la presse, la liberté électorale. Le succès du projet, en frappant l'opposition parlementaire qui seule demeurait encore intacte, devait assurer le défaite définitive des partis de gauche. La situation était grave ; le principe du double vote remettait en question tous les avantages péniblement acquis depuis 1816. La nécessité d'une résistance désespérée obligea les libéraux à compter leurs forces, à se grouper, d'autant plus que la censure leur enlevait à ce moment même l'arme de la presse quotidienne. Pour l'instant, le conflit se concentra à la Chambre, dans la discussion passionnée des articles du projet gouvernemental, dans les efforts de la gauche pour maintenir dans leur ensemble les garanties du régime en vigueur. Pendant quelques jours, tout l'intérêt se tourna vers cette lutte oratoire et les colonnes des journaux furent remplies par le compte-rendu de ces séances [2].

---

1. Voici la phrase incriminée : « M. Barthe s'emporte contre la formation « nouvelle de la garde nationale ; il s'irrite des améliorations qu'on veut porter « dans l'institution du jury ; il menace les intolérants fauteurs de l'irreligion, et « il ne se connait plus quand il parle du mécontentement et de la défiance qui « semblent poursuivre les Suisses. » A ce sujet, l'orateur a copié la fameuse « phrase : « Les Suisses sont plus Français que certains Français. » Mais, « cette fois, elle n'a produit aucune sensation ; ce qui est bien malheureux... » — Rapport du 22 mai 1820.

2. Pour tout ce débat à la Chambre, cf. le récit de Duvergier de Hauranne, *Histoire du gouvernement parlementaire*, t. V, p. 511 et suiv.

La Renommée a continué l'usage des tirets et *Le Censeur*, à son exemple, celui des points, pour remplacer les passages supprimés.

Si l'on excepte un très petit nombre d'infractions fort légères qui peuvent être considérées comme des inadvertances, tous les journaux se sont conformés exactement aux décisions de la censure.

La Commission toutefois n'a pas le droit de s'en féliciter. S'il n'y a point eu de contraventions, c'est qu'il était, pour ainsi dire, impossible aux journaux d'en faire, tous leurs numéros de cette semaine ayant été remplis du compte-rendu des séances de la Chambre des députés [1].

Les débats du projet électoral soulevaient dans le public une telle anxiété que chaque jour une foule considérable se portait vers le soir autour du Palais-Bourbon pour y attendre la sortie des députés [2]. Les étudiants étaient nombreux dans ces groupes, les élèves de l'Ecole de droit surtout, parmi lesquels depuis quelques mois régnait une agitation continuelle [3]. La discussion générale s'était terminée dans les derniers jours de mai après un discours de La Fayette où il avait fait l'éloge public du drapeau tricolore et mis en garde contre la possibilité d'une révolution et après une vigoureuse réponse de De Serre. Le 30 mai, on en vint à l'examen des amendements. Des deux premiers qui se trouvaient en présence, l'un, de Camille Jordan, risquait de concilier la gauche et le centre et de compromettre le projet ministériel. La question de priorité prenait ainsi une importance exceptionnelle. Tous les partis vinrent voter au complet ; du côté libéral, M. de Chauvelin, assez gravement malade, se fit conduire à la Chambre en chaise à porteur. La priorité fut accordée à l'amendement de Camille Jordan par 128 voix contre 127. Cet incident

1. Rapport du 29 mai 1820.

2. Le récit suivant est établi d'après deux brochures contemporaines qui résument l'ensemble des témoignages et présentent des versions opposées : pour la version libérale, Reymondin de Bex, *Histoire de la première quinzaine de juin* 1820, Paris, 1820, in-8°, 180 p. (Bibl. nat., Lb[48], 1675) ; — pour la version officielle, *Notice historique sur les évènements qui ont eu lieu à Paris et dans quelques départements de France pendant les mois de mai et de juin de l'année* 1820, Lyon, 1820, in-8°, 22 p. (Bibl. nat., Lb[48], 1678) ; cette dernière brochure est la reproduction de deux articles du *Moniteur*, du 21 et du 28 juin 1820.

3. Cf. Dulaure et Auguis, *Histoire de la Révolution française depuis* 1814 *jusqu'à* 1830, Paris, 1834-1838, 8 vol. in-8° (Bibl. nat., La[33], 8), t. VII, p. 345.

donna tout à coup à M. de Chauvelin une sorte de célébrité. Lorsqu'il sortit, il fut accueilli par les applaudissements d'une foule sympathique et le lendemain les groupes entourèrent sa chaise à porteur, l'accompagnèrent jusque chez lui en criant : Vive la Charte ! Vive Chauvelin ! Vivent les députés fidèles ! Toute la journée du 1er juin, les manifestations se succédèrent aux environs de la Chambre. Pour répondre aux acclamations des étudiants, les ultras avaient fait appel aux jeunes gardes du corps. Le 2 juin, ils accoururent en grand nombre, vêtus de vêtements civils, armés de cannes ferrées, décidés à riposter aux ovations libérales. M. de Chauvelin fut reçu cette fois par des cris hostiles, et sur le pont Louis XV une bande royaliste assaillit sa voiture [1]. A cette nouvelle, une forte colonne d'étudiants vint entourer, le 3, les abords du Palais-Bourbon, occupé déjà par des forces de police importantes. Les gardes du corps s'y trouvaient aussi. Les rixes commencèrent quand on apprit que l'article premier du projet ministériel venait d'être voté. Aux cris de : Vive la Charte ! les gardes du corps ripostaient par celui de : Vive le roi ! Lorsque la séance prit fin, les députés libéraux furent attaqués, maltraités, malgré les efforts des étudiants [2]. La gendarmerie dût intervenir pour dégager la Chambre ; mais les groupes ne tardèrent pas à se reformer sur la place du Carrousel où de violentes bagarres éclatèrent ; dans l'une de ces collisions, un coup de feu tiré par un soldat vint frapper à mort un élève de l'école de droit, Lallemant.

La nouvelle de cette mort, répandue dans Paris par les soins des libéraux, fut comme le signal d'un soulèvement. Les révolutionnaires tinrent entre eux, dans la journée du dimanche 4, des conciliabules secrets. Des émissaires parcoururent les faubourgs pour exciter la populace [3]. Dès le matin du 5, de nombreux ouvriers se joignaient dans les groupes aux étudiants : le gou-

---

1. Témoignage de M. de Chauvelin, déposé sur le bureau de la Chambre, à la séance du 5 juin.

2. Discours du député Le Seigneur, témoin oculaire, à la séance du 5 juin.

3. Duvergier de Hauranne, *ouv. cité*, t. V, p. 552, d'après quelques lettres inédites.

vernement se trouvait en présence d'une émeute véritable. A la Chambre la séance fut orageuse : Camille Jordan protesta ; Laffitte cita, pour rétablir les incidents de la mort de Lallemant, une lettre du père de l'étudiant dont la censure avait refusé l'insertion [1] ; Benjamin Constant, Kératry, Casimir-Périer mirent en cause les gardes royaux dont l'acharnement avait provoqué le conflit. Pendant ce temps, malgré une ordonnance du préfet de police interdisant les attroupements, les rassemblements devenaient de plus en plus compacts sur la place Louis XV ; quelques cris de : Vive l'empereur ! retentissaient. La cavalerie s'avança et les charges séparèrent les émeutiers en deux colonnes : l'une, refoulée par la rue Royale, longea les boulevards jusqu'au faubourg Saint-Antoine qu'elle parcourut avant de se séparer ; l'autre par les quais déboucha place de Grève, tandis que quelques groupes, aux environs du Palais-Royal, arboraient le drapeau rouge. Dans la soirée, une bande de manifestants essaya d'enfoncer la boutique du libraire Corréard, dont les pamphlets circulaient chaque jour dans Paris [2].

Les désordres continuèrent le lendemain entre la place Louis XV et le faubourg Saint-Antoine [3]. Le 7, l'enterrement de Lallemant, suivi par 5 à 6.000 personnes, et l'exécution de Louvel apportèrent quelque répit. Vers le soir seulement l'effervescence redoubla. Les deux jours suivants furent les plus graves et l'on pût craindre à plusieurs reprises une levée générale des faubourgs. Le centre de l'émeute s'était une fois encore déplacé : les manifestants se concentrèrent entre la porte Saint-Denis et la porte Saint-Martin. Pour le 9, les meneurs s'efforcèrent d'organiser une diversion sur la rive gauche : un rendez-vous fut fixé sur la place de l'Estrapade pour descendre de là dans le faubourg Saint-Marcel. Mais le gouvernement réunit sur ce point de telles forces militaires que toutes les tentatives de rassemblement

---

1. Cf. une justification de la Commision de censure dans le *Moniteur* du 7 juin.

2. Sur les incidents du 5, cf. un discours de De Serre à la séance du 6.

3. Cf. quelques détails dans les discours de Martin de Gray et de De Marcay à la séance du 7.

échouèrent. Ce fut encore sur les boulevards que l'action fut la plus vive. Les charges s'y succédaient presque sans interruption et les émeutiers, qui comptaient quelques morts et de nombreux blessés, recevaient les soldats aux cris de : Vivent nos frères de Manchester [1] ! A bas les Chambres ! A bas les royalistes ! A bas les émigrés ! A bas les missionnaires !

Ce fut la dernière journée de trouble. Le 10, Paris semblait en état de siège et, malgré les discours violents des orateurs de l'opposition de gauche, la ville resta calme. Mais l'inquiétude persistait et l'agitation commençait à gagner les départements [2].

Au milieu de cette atmosphère d'émeute, la tâche de la Commission de censure fut particulièrement laborieuse. Tous les journaux, dans l'insurrection générale, s'affranchirent des entraves de la loi du 31 mars. La plupart ne tinrent aucun compte, pour le récit des événements, des observations des censeurs ; quelques-uns des plus audacieux s'abstinrent de présenter leurs manuscrits. Le rapport du 5 juin n'est qu'une longue énumération de ces infractions multiples, une sorte de plainte contre cette révolte de la presse. Il fallait cependant trouver un coupable sur qui faire peser tout le poids de la répression. La Commission dénonça *La Renommée*, l'opiniâtre feuille libérale qu'il fallait atteindre sans tarder.

...... Le 4 juin, *La Renommée*, selon sa coutume, a remplacé par des traits les suppressions de la censure et, à l'occasion de la mort du jeune Lallemant, l'éditeur a rendu publique cette note de la Commission de censure, qui devait être regardée comme une simple communication :

« D'autres journaux racontent la circonstance relative à un jeune « homme tué sur la place du Carrousel d'une manière toute différente « et qui paraît plus exacte. M. le rédacteur de *La Renommée* est invité

---

1. Allusion aux troubles que la crise économique et la misère avaient provoqués, l'année précédente, en Angleterre, dans la région de Manchester, et dont l'incident principal avait été le « massacre de Peterloo ».

2. Sur les troubles dans les départements, cf. le chapitre suivant.

« à se conformer à cette version, suivant laquelle ce jeune homme « aurait reçu le coup fatal en voulant désarmer un militaire. »

...... Messieurs les membres du Conseil de surveillance remarqueront qu'il n'y a point de jour que *La Renommée* ne se rende coupable d'infractions plus ou moins graves. L'éditeur de cette feuille ne laisse échapper aucune occasion de signaler son esprit de révolte contre l'autorité. Les accusations portées contre cet éditeur depuis l'établissement de la censure ne lui semblent que de vaines menaces. Une malveillance aussi persévérante ne peut être attribuée qu'à une trop longue impunité.

Les journaux de toutes les opinions se sont rendus coupables de la même licence. Tous, après le compte-rendu des séances de la Chambre, ont enclavé dans les mêmes colonnes des articles mêlés de réflexions et de faits qu'ils ont soustraits au jugement de la Commission, se mettant, pour ainsi dire, à l'abri des rapports des séances qui ne sont point de la compétence de la Commission. Cet abus est grave et peut avoir de fâcheuses conséquences si l'autorité ne le réprime.

Les suppressions qui restent dans les mains de la Commission font foi que les journaux de l'opposition n'ont rien perdu de leur malignité ni de leur esprit d'indiscipline ; il est juste de dire que les journaux royalistes ont montré plus de prudence [1].

Le ministère, inquiet par le déchaînement de l'émeute, sentit la nécessité d'une mesure de rigueur ; il devenait urgent de frapper la presse, de forcer *La Renommée* au silence et d'effrayer par son exemple les feuilles hostiles et rebelles. Les poursuites engagées contre elle traînaient en longueur ; trois fois elle avait été appelée devant le tribunal correctionnel les 14, 20 et 25 mai, et chaque fois l'éditeur responsable était parvenu à faire remettre l'affaire [2]. Le 2 juin, justement, la pétition déposée par Legracieux avait fait l'objet à la Chambre d'un rapport du comte de Salaberry. M. Girardin en avait profité pour protester contre « la manière infâme dont la censure est exercée » et avait obtenu, après deux scrutins, le renvoi de la pétition au président du Conseil [3]. Le gouvernement possédait cependant un moyen

1. Rapport du 5 juin 1820.
2. *Moniteur*, 15, 21, 26 mai.
3. *Id.*, 3 juin.

pratique de réduire le journal révolutionnaire : obtenir du Conseil de surv·illance la suspension d'office. Dès le début de juin, le baron Mounier, directeur de la police générale, s'en était préoccupé ; il avait dressé, sous forme d'une lettre à Portalis, contre *La Renommée*, et par la même occasion contre les journaux poursuivis, une sorte de réquisitoire à mettre sous les yeux du Conseil :

Vous m'avez fait l'honneur de m'engager à vous faire part des considérations qui pourraient déterminer la résolution du Conseil de surveillance relativement à la suspension des trois journaux dont les éditeurs se trouvent poursuivis en ce moment en raison de contravention à la loi du 31 mars dernier. Ces journaux sont *La Renommée*, *Le Drapeau blanc* et *La Quotidienne*.

J'avais pensé que le Conseil de surveillance se serait trouvé suffisamment éclairé, par les rapports de la Commission de censure et l'examen que ses membres sont à portée de faire eux-mêmes des journaux, pour juger s'il y a lieu d'user de la faculté accordée au Gouvernement par les articles 6 et 7 de la loi. Toutefois je dois conclure de la lettre que vous m'avez écrite que vous désirez connaître l'opinion que j'ai dû me former......

J'aurai l'honneur de vous dire, conséquemment, que je suis très porté à partager l'avis qu'il ne convient point, à moins de circonstances tout à fait extraordinaires, de suspendre... la publication d'un journal avant que la contravention ait été constatée par un jugement ; la suspension me paraît alors une mesure tout à fait convenable... Il s'agit seulement de proportionner la durée de cette suspension à la gravité du tort et à l'effet fâcheux qui a pu résulter de l'esprit habituel du journal.

Sous ce point de vue, *La Renommée* appelle spécialement l'animadversion du Conseil de surveillance. Il n'est pas de difficultés que ses éditeurs n'aient fait naître, pas de moyens qu'ils n'aient employés pour éviter ou éluder l'action de la censure. Ils ont affecté de tourner la loi en dérision et on n'a pu obtenir, malgré tous les efforts de la persuasion ou de la rigueur, que ce journal renonçât à indiquer par des points les suppressions que la Commission avait jugées nécessaires. Dans toutes les occasions, il a d'ailleurs manifesté des dispositions hostiles contre le Gouvernement ; il a entretenu la Chambre de ses plaintes......

Si, comme nous ne pouvons en douter, le tribunal prononce la condamnation, je crois qu'il y aurait lieu à ordonner une suspension qui devrait être au moins de trois semaines.

Le Drapeau blanc [1] s'est fait souvent remarquer par les personnalités indécentes qu'il cherche à reproduire, et en général par un ton d'exagération qui nuit à la cause qu'il veut servir ; mais du moins, dans ses écarts, il respecte toujours le trône et les principes de la monarchie. Il s'est d'ailleurs soumis à la censure et, tout en se plaignant amèrement des censeurs *qui le privaient de ses articles les plus piquants*, il n'a pas cherché à livrer la loi au ridicule. Je pense qu'une suspension de huit jours serait plus que suffisante.

Quant à *La Quotidienne*, elle est poursuivie comme ayant commis une offense contre la Chambre des Pairs, ensuite pour avoir inséré l'article incriminé sans l'approbation de la Commission. Si cette contravention est suivie d'une condamnation, je ne croirai pas qu'il y eût lieu à suspendre le journal ou du moins la suspension prononcée devrait se borner à deux ou trois jours [2]......

Le 6 juin, Mounier revint à la charge, mais cette fois avec plus de netteté et d'énergie. « Ce qui nous importe, écrivait-il à Portalis, c'est la suspension de *La Renommée* et vous avez tout ce qu'il faut pour faire délibérer le Conseil sur cet objet. » Le Conseil se réunissait justement le soir même. Portalis lui transmit les missives de Mounier en le priant de prendre une décision immédiate.

Durant ces deux premiers mois de la censure, le Conseil de surveillance n'avait joué qu'un rôle effacé. Il s'était borné à approuver et à couvrir de son autorité les travaux des Commissions. Il laissait percer cependant une certaine modération, un désir d'éviter toute mesure rigoureuse capable d'émouvoir l'opinion. La suspension de *La Renommée* que réclamait le gouvernement lui parut prématurée, plus propre à aigrir les esprits qu'à les apaiser. « Le Conseil, dit le procès-verbal de la séance du 6, dans l'ensemble de ces communications ne trouvant que des documents incomplets et non précisés sur ce qui donne lieu à la proposition de la suspension provisoire de ce journal, a

---

1. L'éditeur responsable du *Drapeau blanc* fut condamné le 28 juin par la correctionnelle à 2 mois de prison et 200 fr. d'amende. (*Drapeau blanc*, 29 juin.)
2. Lettre du 2 juin 1820.

été d'avis de surseoir à prononcer cette suspension jusqu'à ce que de nouvelles explications lui aient été données. »

Il fallait vaincre cette obstination du Conseil, accumuler contre *La Renommée* de telles charges qu'il fût obligé de céder, de prononcer la suspension. La Commission y travailla aussitôt. Dans son rapport du 12, elle signalait des infractions dans plusieurs journaux : lignes continuelles de points, articles soustraits à l'examen préalable [1] ; elle reprochait au *Drapeau blanc* sa violence incessante ; mais c'était avant tout *La Renommée* qui était prise à parti ; on relevait chez elle les plus insignifiantes vétilles, tout ce qui pouvait peser sur la décision du Conseil.

..... Le 7 juin, *La Renommée*, en rendant compte du procès de Louvel, a rendu publique la lettre que la Commission a adressée à tous les journalistes pour leur faire connaître qu'elle s'opposait à la publication du discours de Louvel. Elle l'a fait précéder de cette phrase :

« Ce soir à 11 heures, nous recevons la défense suivante d'insérer le « discours qui a été prononcé sans que la cour ait fait évacuer les « tribunes. »

Le Drapeau blanc, rendant compte du procès de Louvel, a inséré cette réflexion après les mots : « Il balbutie plutôt qu'il ne prononce « un discours décousu » :

« mais qui n'est qu'un horrible abrégé de tous les écrits sacrilèges, « publiés par les écrivains révolutionnaires, et principalement du « mémoire du régicide Carnot ».

...... Le 8 juin, *Le Drapeau blanc*, dans son premier paragraphe de l'article *Paris*, a rétabli les mots *acharnée*, *enragée*, rejetés par la Commission [2]......

Le 10 juin, le journal *La Renommée* a remplacé par des traits les

---

1. Cf. par exemple, *Le Courrier français*, 8 juin, 4e et 5e paragraphe de la 1re colonne de la 4e page ; le *Journal de Paris*, 11 juin, article commençant par : « Le jour d'hier... »

2. « Les orages qui ont éclaté dans la Chambre des députés et qui se sont fait « sentir au dehors pendant la discussion du nouveau projet de loi électorale... « n'ont point excité l'étonnement. On devait bien s'attendre à la résistance « opiniâtre, acharnée, enragée qu'opposerait aux vœux des citoyens amis du « trône et de la paix... le parti qui se voyait enlever son palladium... »

suppressions de la censure et imprimé en caractères italiques, en rappelant les titres de M. Pastoret à l'Académie française, les mots *sans doute* qui ont été soumis sur la double épreuve en petits romains...

Le 12 juin,... *La Renommée* a imprimé en lettres majuscules le mot *circulaire* qui, ainsi présenté, renferme un sens plein de malignité. Voici l'article où se trouve ce mot :

« Les journaux monarchiques et le *Journal de Paris* ont reçu de « Rouen une CIRCULAIRE où l'on dit que la plus parfaite tranquillité « règne dans cette ville. »

La Commission de censure vient d'exercer ses fonctions dans des circonstances difficiles. Elle croit pouvoir se flatter que sa prudence a heureusement secondé les intentions du Gouvernement. Elle a écarté avec soin tout ce qui pouvait accroître l'exaspération des partis. Elle a renfermé dans la vérité le récit des événements, autant qu'elle a pu la connaître.

Les journaux de l'opposition, s'emparant de tout ce qui était favorable à leurs doctrines dans ces évènements déplorables, les représentaient avec la couleur qui leur est propre, affectant de les dénaturer et d'en exagérer le mal et le danger.

D'autre part, quelques journaux royalistes, croyant que ces circonstances pourraient justifier les écarts de leur zèle, se livraient à des discussions imprudentes dont l'effet pouvait être de porter atteinte à l'harmonie qui règne entre les grands pouvoirs et de faire naître des doutes et des alarmes sur l'inviolabilité et la durée de nos institutions [1]......

Le Conseil de surveillance allait être appelé de nouveau à se prononcer sur le sort de *La Renommée*. Mais à ce moment les circonstances avaient changé. Le 8, le tribunal correctionnel avait enfin condamné l'éditeur responsable Legracieux à 2 mois de prison et 600 francs d'amende [2]. Le gouvernement tenait en mains le jugement tant attendu. Dès que la copie authentique en parvint au ministère de la Justice, Portalis se hâta de convoquer le Conseil en séance extraordinaire pour la matinée du 12. Il accompagna cette convocation d'une note où il réclamait

1. Rapport du 12 juin 1820.
2. *Moniteur*, 9 juin 1820 ; — *La Renommée*, id. ; — *Le Constitutionnel*, id.

l'applisation de la suspension : « Je ne doute pas que cette pièce ne lève tous les doutes du Conseil de surveillance et qu'il ne se détermine, dans sa séance de demain matin, à prononcer contre ce journal une suspension qu'il a si justement méritée... *La Renommée* a été judiciairement convaincue de contravention à la loi du 31 mars. Depuis la première poursuite qui a eu lieu contre elle, elle a commis de nouvelles contraventions. Elle n'a cessé de braver journellement la censure... Je vous prie de vouloir bien me faire connaître à l'issue de la séance la décision du Conseil afin que, si le Conseil est d'avis de la suspension, sa délibération puisse être approuvée par Mgr le Garde des sceaux assez à temps pour que *La Renommée* ne paraisse pas mardi... »

L'hésitation n'était plus possible. Le Conseil entra cette fois dans les vues du gouvernement et rendit un arrêté suspendant pour un mois la publication de *La Renommée* [1]. Cette mesure de rigueur portait une atteinte grave à la presse libérale. Malgré l'initiative du *Courrier français* qui se chargea pendant ce temps des abonnés du journal [2], la suspension provisoire n'était en définitive qu'une suppression déguisée. *La Renommée* ne put en effet survivre au déficit budgétaire que provoqua cette interruption ; ses rédacteurs se dispersèrent dans *Le Courrier français*, *Le Censeur européen* ou *Le Constitutionnel*. Le gouvernement ne cachait pas d'ailleurs son intention délibérée de frapper sans ménagement l'organe le plus radical de la gauche. Malgré sa suspension, *La Renommée* fut encore assignée en correctionnelle pour quelques-unes des infractions si minutieusement relevées par la Commission [3], et, le 13 juillet, l'éditeur-responsable Legracieux, après avoir obtenu le 27 juin le renvoi de l'affaire [4], se voyait condamné à 1 mois de prison et 500 francs d'amende [5].

1. Procès-verbal de la séance extraordinaire du Conseil de surveillance, le 12 juin.
2. *Le Courrier français*, 14 juin.
3. *Id.*, 26 juin.
4. *Moniteur*, 28 juin.
5. *Id.*, 15 juillet ; — *Le Courrier français*, 7 juillet.

Cette disparition de *La Renommée* marquait pour la censure un succès déclaré ; elle ruinait, au moment même où s'achevait à la Chambre le vote de la loi électorale, un des ressorts de l'opposition et de la résistance libérales. Pour achever de les briser, il était urgent d'arrêter, par des rigueurs analogues, la diffusion des brochures. Des deux éditeurs, Lacretelle et Corréard, qui s'étaient surtout chargés de cette propagande, le premier s'était borné à quelques rares publications et il avait suffi de la saisie d'un petit libelle, intitulé *Le Panorama* [1], pour le réduire presque au silence [2]. Corréard avait montré une énergie plus opiniâtre. Il avait poursuivi avec une persévérance à peine ralentie la vente de ses courts pamphlets qui avaient entetrenu l'agitation pendant le mois d'avril. Il avait donné successivement [3] : le 10 mai, *Cosmorama*, le 12, *Bruits divers*, le 13, *Le Temps qui court* et *Histoire, organisation et statuts de l'Académie des bêtes*, le 15, *Lettre de M. Madier de Montjau*, le 16, *Pièces politiques*, le 17, *Attention*, le 18, *Variétés*, le 19, *A bas la discussion*, le 20, *Les choses comme elles vont*, le 22, *Encore une brochure*, le 23, *Ambigu*, le 24, *De la police moderne*, le 25, *Mélanges*, le 26, *Ecoutez-moi donc* et *Lettre de M. Madier de Montjau*, le 27, *Examen impartial d'un article des Aperçus historiques*, le 29, *Des intérêts du jour*, le 31, *Esquisses politiques*, le 1er juin, *L'Ami de la Charte*, le 3, *Brochure sans titre*, le 5, *Lettre de M. Madier de Montjau à M. Pasquier*. Les manifestations de juin, dont la censure s'efforçait d'atténuer l'importance avaient fourni à Corréard une abondante matière ; en quelques jours, il avait lancé : *Nouvelles nouvelles*, *Avis aux citoyens*, *Lisez*, *Pièces politiques*, *Evénements du 5 juin*.

C'est à ce moment, après la suspension de *La Renommée*, que le gouvernement entreprit d'interrompre cette avalanche de brochures qui prenaient, par leur publication régulière, la forme d'un journal périodique. Ce ne fut pas toutefois pour infraction

1. Bibl. nat., Lb[48], 1636.
2. *Le Drapeau blanc*, 26 mai.
3. Sur la liste suivante, cf. la note 1 de la page 41.

à la loi du 31 mars que Corréard fut poursuivi ; on jugea plus sûr de déférer aux assises comme séditieux quelques-uns de ces pamphlets. On avait déjà saisi en mai *Réflexions d'un patriote* [1], *Défendons nos droits* [2], *Le Temps qui court* [3] et *Attention* [4]. Ces mesures parurent insuffisantes ; coup sur coup, au début de juin, on mit la main sur la plupart des brochures : *Examen impartial* [5], *Pièces politiques* [6], *Evénements du 5 juin* [7]. Lors des premières poursuites, Corréard avait opposé la même tactique que les journalistes, traîner en longueur [8]. Mais le gouvernement en juin semblait décidé à en finir ; il déjoua cette manœuvre en activant le cours de la justice : une suite de condamnations rapprochées frappèrent lourdement l'éditeur : le 13 juin, pour *Réflexions d'un patriote* [9], le 14, pour *Questions à l'ordre du jour* [10], le 23, pour *Attention* (4 mois de prison et 1.200 francs d'amende) [11], le 28, pour *Le Temps qui court* (3 mois de prison et 400 francs d'amende) [12], le 26 juillet, pour *Evénements du 5 juin* (4 mois de prison et 500 francs d'amende) [13].

La tentative des brochures se trouvait atteinte et brisée en même temps que la presse quotidienne, frappée dans *La Renommée*. Le 22 juillet, l'éditeur-responsable Legracieux était arrêté et emprisonné [14]. Le 3 août, Corréard à son tour se livrait lui-même [15], presque ruiné par son entreprise, à tel point qu'il fallut, pour acquitter la somme des amendes et des frais de procédure,

---

1. *La Quotidienne*, 3 mai ; — *La Renommée*, 9 mai.
2. *La Quotidienne*, 3 mai.
3. *Le Censeur européen*, 25 mai.
4. *La Quotidienne*, 21 mai.
5. *Le Censeur européen*, 2 juin.
6. *Moniteur*, 6 juillet.
7. *Id.*, 15 juillet.
8. Un premier jugement du 12 mai condamne Corréard par défaut à 5 ans de prison et à 6.000 fr. d'amende, *Moniteur*, 13 mai.
9. *Le Drapeau blanc* et *Le Courrier français*, 13 juin.
10. *Le Constitutionnel* et *Le Drapeau blanc*, 15 juin ; — *Moniteur*, 8 août.
11. *Moniteur*, *Le Courrier français*, *Le Drapeau blanc*, 24 juin.
12. *Le Drapeau blanc*, *Le Constitutionnel*, 29 juin ; — *Moniteur*, 20 août.
13. *Moniteur*, 27 juillet.
14. *Id.*, 23 juillet.
15. *Id.*, 4 août.

ouvrir une souscription en faveur du libraire « condamné pour avoir vendu des brochures politiques [1] ».

III

Les derniers rapports de la Commission.

La suspension de *La Renommée* et les condamnations de Corréard marquent, pour la censure parisienne, une date importante ; elle termine la période de lutte et de résistance, la crise aiguë qui s'était ouverte avec le rapport du 20 avril. Les efforts de la Commission n'étaient pas d'ailleurs restés sans effet ; après les violences du début de juin, le ton général des journaux s'était apaisé. On remarquait d'ailleurs, dans l'ensemble de l'opposition parisienne, une sorte de détente générale ; c'était en province, dans les centres libéraux de l'ouest, que semblait se localiser toute l'agitation. Ce calme n'était en réalité qu'apparent ; l'action révolutionnaire avait pris, depuis l'échec du mois de juin, une allure clandestine ; les comités se rapprochaient, se concertaient, organisaient en secret tout un mouvement qui devait aboutir à la tentative du 19 août.

Mais en même temps que s'atténuait l'activité superficielle des libéraux, la régularité de la Commission de censure dans ses opérations journalières se relâchaient. Les rapports devinrent pendant quelque temps moins complets, l'examen des journaux moins minutieux.

Le 13 juin, *La Gazette de France* a inséré sans autorisation l'article qui suit :

« Le Comité directeur de l'insurrection radicale paraît avoir cessé « ses fonctions ; la tranquillité la plus parfaite règne dans Paris « pendant toute la soirée. »

---

1. *Souscription en faveur du libraire Corréard*, Paris, 1820, 3 p. in-8° (Bibl. nat., Lb[48], 3238).

Le 14, *La Gazette de France* a inséré, sans l'avoir soumis à l'examen, un long article intitulé : Cour d'Assises de Paris, sur l'affaire de Voidet, éditeur responsable de *L'Aristarque*. Cette insertion paraît n'avoir été faite que par erreur, et ce qui le confirme aux yeux de la Commission, c'est que l'éditeur de cette feuille n'a jamais manifesté la moindre résistance à l'autorité de la Commission de censure. Aussitôt que l'éditeur reconnut l'erreur, il écrivit à la Commission une lettre d'explications et de regrets, qui semble ne laisser aucun doute sur la nature de cette infraction......

Le 17, *Le Courrier français*, dans la phrase suivante :

« *La Ruche d'Aquitaine*, dont le dévergondage monarchique a « passé en proverbe... »

a rétabli le mot *monarchique* qui avait été supprimé..... [1]

Dans le cours de cette semaine, tous les journaux, à l'exception d'un seul, ont été conformes à la censure ; le seul *Journal du Commerce* a commis deux infractions.

Le 24 juin, ce journal a rétabli ce passage supprimé par la Commission :

« Les opérations du recrutement se sont terminées à Beaune et à « Châtillon par la procession de la Fête-Dieu à laquelle ont dévotement « assisté tous les membres du conseil. »

Cette infraction a été immédiatement suivie d'une seconde. Le 25 juin, l'éditeur de ce journal a rétabli cette phrase supprimée par la censure :

« Ainsi voilà un homme arrêté sur sa mauvaise mine. Nous avons vu « un temps où l'on arrêtait sur les apparences contraires et c'était un « bien triste temps. Est-ce que ce serait une revanche ? »......

Messieurs les membres du Conseil verront sans doute avec satisfaction que tous les autres journaux se sont conformés aux décisions de la censure. Quelques punitions appliquées aux premiers délits ont été des exemples salutaires, et c'est à cette sévérité qu'il faut attribuer l'obéissance qui l'a suivie.

La Commission croit devoir faire part à Messieurs les membres du Conseil de surveillance d'une difficulté qui s'est élevée à l'occasion du discours de M. le comte de Ségur, pair de France [2]. Le journal *Le Constitutionnel* a envoyé ce discours le 25 juin à la Commission pour obtenir l'autorisation de le publier. La Commission a cru devoir non

1. Rapport du 20 juin 1820.
2. Discours contre la loi électorale.

pas *refuser* mais ajourner son autorisation parce que les séances et les discussions de la Chambre des Pairs ne peuvent être rendues publiques que du consentement de la Chambre elle-même.

Le lendemain, la Commission a cependant délivré le permis d'imprimer, mais à condition que l'éditeur du journal obtiendrait le consentement présumé de la Chambre par M. le Référendaire [1].

Cette affaire prit bientôt une importance imprévue. M. de Ségur la porta, le 26 juin, à la tribune de la Chambre des Pairs. Malgré les efforts de Portalis pour justifier la conduite de la Commission, la discussion fut assez vive. Le duc de Choiseul prit le parti de M. de Ségur dans un discours énergique : « Le refus de la Commission de censure paraît tenir à un système dont plusieurs faits récents autorisent à supposer l'existence et qui aurait pour but de miner par degrés la considération de la Chambre [2]. » Le débat se termina le lendemain par un ordre du jour chargeant le président du Conseil « d'aviser dans sa sagesse et dans son zèle pour la dignité de la Chambre aux moyens qu'il jugera les plus convenables pour qu'il n'y soit à l'avenir porté aucune nouvelle atteinte [3] ».

De tels incidents n'étaient pas faits pour augmenter le crédit de la Commission. Ils contribuaient à accroître la méfiance générale et à donner aux censeurs une sorte de lassitude qui se marque dans leurs rapports jusqu'en octobre.

La semaine qui vient de s'écouler n'a fait naître, relativement à la censure, aucun incident dont la Commission ait à entretenir Messieurs les membres du Conseil de surveillance. Les journaux du 28, du 29, du 30 juin, ceux du 1er, du 2 et du 4 juillet n'ont présenté aucune infraction. Le 3 juillet seulement, *La Quotidienne*, dans un article intitulé *Variétés*, a rétabli cette phrase qui avait été supprimée par la Commission : « notre situation est redevenue la même qu'en 1815 ». Il a été rendu compte à l'autorité de cette infraction.

---

1. Rapport du 27 juin 1820.
2. *Moniteur*, 1er juillet.
3. *Id.*, 2 juillet.

Le même jour, *Le Drapeau blanc*, en rendant compte de l'audience de la cour d'assises, avait dit : « M. le président a résumé les débats « avec une *partialité* remarquable. » La Commission, qui crut voir dans le mot partialité une erreur typographique, changea ce mot sur l'épreuve en celui d'*impartialité*. Cette correction n'avait pas été exécutée par l'imprimeur, mais elle a été suppléée le lendemain par un erratum inséré au *Drapeau blanc* et qui parait devoir absoudre les intentions du rédacteur de l'article [1]......

Une seule infraction a été commise pendant les huit jours qui se sont écoulés depuis le dernier rapport, mais elle parait assez sérieuse, par les intentions qu'elle révèle de la part du journal qui s'en est rendu coupable.

Le 5 de ce mois, *Le Courrier* envoya à la censure, à propos d'un tableau représentant l'entrée d'Henri IV à Paris, un article dans lequel on trouvait ce passage qui cachait une allusion aux derniers troubles de Paris.

« Déjà le maréchal de Martignon est passé à la tête d'un régiment « de la garde ; il rencontre un régiment de lansquenets qui, ne voulant « pas crier : Vive le Roi ! sont impitoyablement sabrés et foulés aux « pieds des chevaux, manœuvre impolitique et cruelle qui fut « loin de valoir au maréchal les félicitations du Prince. »

Ce passage, intercalé dans un article tout à fait étranger aux intérêts du jour, obtint d'autant plus aisément l'autorisation de la Commission de censure qu'aucunes lettres italiques ne fixaient l'attention sur les allusions qu'il présentait et que la pensée du lecteur pouvait supposer quelque fait historique de ces temps reculés derrière la réflexion qui la termine.

Cependant, quand l'éditeur du *Courrier* eût obtenu l'autorisation de la censure au bas de cet article, il fit changer les caractères qui avaient servi à l'impression de l'épreuve censurée et fit mettre en lettres italiques les phrases qui faisaient allusion à la conduite des troupes et aux félicitations adressées par S. M. à un noble maréchal.

Cette contravention d'une substitution de caractères est la seconde qui se présente depuis l'entrée en exercice de la Commission de censure. *La Gazette de France* s'était permis de mettre aussi en italiques le mot *constant* qui n'avait été approuvé qu'en petits romains. Cet abus des italiques fut, dans le temps, vivement improuvé à la Chambre des députés par un orateur qui n'est pas étranger à la rédaction du

1. Rapport du 4 juillet 1820.

Courrier français. Nous ne présentons ici cette observation que pour répondre d'avance à ce que pourrait dire *Le Courrier*, sur le peu d'importance de cette substitution.

La Commission, en rendant compte à l'autorité de cette contravention du *Courrier*, ne s'est pas dissimulé que l'éditeur de ce journal pourrait alléguer, en sa faveur, l'article de la loi qui oblige les journaux à soumettre à la censure les manuscrits et nullement les épreuves de leurs articles, ce qui, dans ce système de défense, laisserait aux éditeurs le droit de faire imprimer les articles avec l'espèce de caractères qui leur conviendrait ; mais comme, dans l'usage universel et invariable de la typographie, les mots qu'on met en italiques dans l'impression sont soulignés dans le manuscrit, il n'y a point de doute que les journaux ne pourraient, sans contravention, déroger à cette règle en imprimant en italiques des phrases qui ne seraient pas soulignées dans les manuscrits censurés.

Du reste, depuis quelques jours, les feuilles de l'opposition paraissent redoubler d'ardeur et d'activité, et la censure a besoin de proportionner sa vigilance à leurs efforts. Cette accélération, dans la marche de ces journaux, doit être attribuée, bien moins à la disposition des esprits qu'à l'émulation qui s'est établie, depuis la réunion du *Courrier* avec *Le Censeur*, *L'Indépendant* et *La Renommée*, entre ces quatre établissements fondus en un seul et *Le Constitutionnel* qui se croit menacé par leur réunion. Cette concurrence stimule vivement les écrivains et les porte à risquer tout ce qui peut flatter les passions qu'ils supposent à leurs lecteurs. Peu de jours s'écoulent sans que la Commission ait à supprimer des passages écrits dans un esprit tout à fait inconciliable avec la paix des citoyens et la tranquillité publique [1].

Les rigueurs de la censure avaient en effet réduit la presse quotidienne libérale à opérer, pour résister, une sorte de concentration. Sans tenir compte des nuances de doctrine souvent profondes qui les séparaient, les principaux journaux résolurent de former une feuille unique, plus puissante et mieux armée. Dès avril, *L'Indépendant* s'était réuni au *Censeur*, bien que ce dernier ait affiché jusque-là une certaine antipathie pour les tendances militaires de son confrère. Un peu plus tard, lorsque

1. Rapport du 15 juillet 1820.

La Renommée disparut, *Le Censeur* vint lui-même se fondre dans les colonnes du *Courrier* qui devint ainsi, sous la conduite de Kératry, l'organe essentiel du libéralisme.

Ce n'était pas là seulement l'unique cause du renouveau passager d'agitation que constatait la Commission dans son rapport du 15 juillet. Les nouvelles étrangères favorisaient encore cette effervescence. On venait d'apprendre à Paris le coup de main tenté par les révolutionnaires napolitains, leur succès déconcertant, la promulgation d'une constitution dans le royaume des Deux-Siciles. Ces événements, après ceux d'Espagne, où les troubles persistaient toujours, ranimèrent un instant, au lendemain des émeutes de juin, les polémiques des partis.

Les journaux paraissent se soumettre de plus en plus à la discipline que leur a imposé la loi de la censure. Depuis le 14 juillet jusqu'à ce jour aucune infraction n'a été commise.

Mais si, dans leurs rapports journaliers avec la Commission, les feuilles de l'opposition paraissent apporter plus de résignation et de droiture, il s'en faut de beaucoup qu'une amélioration sensible se fasse voir dans la tendance de leurs articles ; ce sont toujours les mêmes efforts pour jeter de l'inquiétude sur la marche du Gouvernement et pour reproduire contre le côté droit et les hommes du même parti hors des Chambres de vagues accusations qui ne sont propres qu'à aigrir les esprits et à soulever les passions. La Commission est souvent obligée de renvoyer des articles aux éditeurs en les invitant à en modifier la rédaction, ou de supprimer des passages entiers, lorsqu'elle ne peut obtenir des expressions moins dangereuses.

Les journaux royalistes sont souvent aussi dans le cas de subir des suppressions qui contrarient beaucoup les éditeurs de ces feuilles.

C'est surtout à l'égard des révolutions de Naples et d'Espagne que la Commission a le plus d'occasions d'exercer à l'égard de ces journaux sa sévérité. Les principes et les doctrines qui font l'âme de ces feuilles portent continuellement les écrivains à publier des critiques très vives de la constitution des Cortès, des personnalités insultantes contre les chefs de ces révolutions et de sinistres prophéties sur les évènements que l'avenir prépare à ces monarchies. La Commission n'a pas cru que ces attaques contre une constitution acceptée par le Roi d'Espagne pussent être autorisées dans les journaux censurés sans exposer le Gouvernement français aux plaintes fondées de l'ambassadeur d'Espagne ; elle s'est donc déterminée à interdire rigoureusement ces discussions, quoiqu'elles n'aient le plus souvent en elles-mêmes rien de dangereux pour nos affaires intérieures [1].

La Commission peut se borner aujourd'hui aux observations qu'elle a déjà faites dans le rapport du 29 juillet. Les circonstances sont les mêmes et la censure a besoin de toute sa sévérité pour contenir l'essor, quelquefois violent, des opinions politiques, surtout depuis la révolution de Naples.

Il n'y a point eu d'infraction qui puisse donner lieu à quelque poursuite [2].

Il n'y a eu que de légères infractions.

Le ton des journaux qui était très exalté, depuis l'insurrection de Naples, paraît s'être modéré dans les discussions politiques.

Il règne une excessive animosité entre les journaux des diverses couleurs [3].

Les journaux de diverses couleurs ont commis, dans le cours de l'espace qu'embrasse ce rapport, plusieurs infractions assez légères pour qu'il soit inutile de les relever partiellement, mais dont la fréquente répétition pourrait enfin amener de graves inconvénients, à l'époque peu éloignée où les partis, se trouvant en présence, redoubleront d'énergie et d'animosité. L'indifférence qu'ils auraient éprouvé, relativement à ces premières atteintes portées à la loi de censure, semblerait leur garantir l'impunité pour des infractions plus importantes ; et si l'on veut obtenir qu'ils se soumettent entièrement au joug, il convient de les y réduire avant l'époque où s'ouvriront nos débats parlementaires.

Le Courrier est celui de tous les journaux qui, par le rétablissement des phrases supprimées, s'est mis le plus souvent dans le cas de recevoir l'application de la loi de censure, quoiqu'il soit juste de reconnaître que ces infractions sont en général peu importantes. Il n'en est pas ainsi de celle qu'a récemment commise le *Journal du Commerce*, une des feuilles les plus passionnées et les plus récalci-

1. Rapport du 29 juillet 1820.
2. Rapport du 7 août 1820.
3. Rapport du 14 août 1820. Cf. le rapport du 5 septembre qui ne signale que quelques infractions sans intérêt.

trantes du parti libéral, et pour mettre le Conseil de surveillance à même d'apprécier la gravité du délit que constitue le rétablissement du passage supprimé par la Commission de censure, je vais transcrire en entier ce passage : feuille du 7 octobre, 5e paragraphe de la 2e colonne de la 2e page :

« ... La cause de la liberté ne pourra qu'y gagner, les discus-
« sions s'engageront sur un terrain plus avantageux pour elles,
« et cette année sera marquée sans doute par quelque nouvel
« avantage qu'elle aura remporté. »

La Quotidienne, déjà coupable de plusieurs infractions énoncées dans le précédent rapport et de quelques atteintes plus légères qu'on pourrait comprendre dans celui-ci a également rétabli (feuille du 1er octobre, 4e paragraphe de la 2e colonne de la 1re page) une phrase entière que la Commission avait supprimée pour éviter de fâcheuses récriminations. Par le rétablissement de ce passage, la Commission de censure s'est vue dans la pénible alternative, ou de permettre les vives représailles d'une feuille opposée, ce qui eût été contraire à l'objet qu'elle se propose et pour lequel elle est instituée, ou de mettre les éditeurs de cette feuille dans la confidence de l'infraction commise par *La Quotidienne*. Mais il est à craindre que si, de part et d'autre, ces plaintes se produisent, par l'indulgence qu'auront éprouvée les premières infractions, la Commission ne puisse plus interposer entre les animosités des partis sa salutaire autorité.

Dans la première moitié du temps écoulé depuis le dernier rapport, les feuilles du parti libéral, celles même de la couleur royaliste, remplaçaient habituellement par des lignes de points les passages supprimés par la Commission de censure. Il en est même, et nommément *Le Constitutionnel*, qui se sont permis d'insérer des points là où il n'y avait pas eu de suppressions, uniquement dans la vue de fournir quelque prétexte à la malignité publique. La Commission s'est vue forcée enfin de recourir au seul moyen capable de prévenir ces sortes d'infractions, dont le scandale même semblait assurer l'impunité ; et depuis ce moment, aucun des journaux n'a donné lieu à de semblables reproches.

Quoique *Le Constitutionnel* n'ait pas commis d'infraction en insérant, dans le récit des circonstances qui ont accompagné la naissance de Mgr le duc de Bordeaux, un fait aussi inexact qu'injurieux, il n'est pas moins du devoir de la Commission de consigner ici ses regrets sur ce que ce passage, unanimement condamné à une première lecture, avait échappé à la radiation au milieu d'une discussion vive et prolongée dont cette feuille avait été l'objet.

En terminant ce rapport je dois appeler de nouveau l'attention de

MM. les membres du Conseil de surveillance sur une feuille périodique déjà déférée à l'autorité, comme rédigée dans un très mauvais esprit, et s'étant soustraite jusqu'à ce jour à l'examen de la Commission de censure ; c'est le journal intitulé *Archives des sciences, des lettres et des arts* [1].

C'est à cette date du 9 octobre que se termine la série des rapports de la Commission parisienne. Dès ce moment d'ailleurs la résistance aux progrès des ultras n'est plus limitée à la capitale ; les efforts soutenus des censeurs, la surveillance quotidienne ou les poursuites judiciaires, sont parvenues à briser pour un temps l'opposition des journaux. L'effervescence se porte au contraire vers quelques centres provinciaux, où la loi du 31 mars commence à peine à fonctionner. C'est là que, pendant plus d'un an, les agitations de la campagne électorale, puis plus tard la formation occulte de fédérations ou de sociétés d'insurrection vont placer toute l'activité réelle des libéraux.

1. Rapport du 9 octobre 1820.

CHAPITRE III

LES COMMISSIONS DÉPARTEMENTALES DE CENSURE

AISNE : Symptômes d'inquiétude dans les centres manufacturiers. — Calme et soumission générale. — NORD : Prédominance de l'esprit monarchique. — SEINE-INFÉRIEURE : Penchants libéraux et sentiment de modération. — Sérénades et charivaris. — Tentatives de rigueur de la Commission. — CALVADOS : Ardeur des passions politiques. — Opposition des partis. — Fondation de *L'Observateur neustrien.* — Violence des polémiques avec le *Journal du Calvados.* — Partialité de la Commission. — Reproches du Conseil de surveillance. — ILE-ET-VILAINE : Importance du centre breton dans la résistance libérale. — Caractère social et républicain du mouvement. — Les « affiliations fédératives ». — Esprit d'opposition du corps de la marine à Brest. — Agitation à l'Ecole de droit à Rennes. — Rôle de *L'Echo de l'Ouest.* — Lutte avec la Commission. — Troubles de juin. — Charivaris d'août. — Persistance de l'exaltation jusqu'en mai 1821. — LOIRE-INFÉRIEURE : Agitation à Nantes. — Les manifestations de juin. — Résistance de *L'Ami de la Charte* de Victor Mangin. — Quelques exemples des suppressions quotidiennes de la censure. — Effervescence du mois d'août 1820. — Apaisement de l'opposition. — GIRONDE : Equilibre des forces politiques dans la région bordelaise. — Développement de la presse locale. — Efforts de la censure contre *La Tribune de la Gironde* d'Henri Fonfrède. — Fin du journal libéral. — Procès d'Henri Fonfrède. — Conflit des censeurs et du journal des ultras, *La Ruche d'Aquitaine.* — Recrudescence de l'agitation libérale en mars 1821. — HAUTE-GARONNE : Apathie politique dans la région toulousaine en 1820. — Répercussion de la révolution espagnole. — Commencement d'agitation chez les libéraux. — Etablissement d'une Commission de censure pour surveiller les nouvelles étrangères. — Rôle du *Journal de la Haute-Garonne.* — Renaissance momentanée de la presse royaliste locale. — Création de *L'Echo du Midi.* — AVEYRON : Indifférence politique de la région du Massif central. — HÉRAULT : Diversité politique des contrées du Bas-Languedoc. — Manque général d'activité de la presse. — *Le Véridique* de Montpellier. — BOUCHES-DU-RHONE : Prépondérance des ultras. — Efforts d'un petit groupe libéral dirigé par Alphonse Rabbe. — Création du *Phocéen.* — Procès contre *Le Phocéen.* — Fuite et arrestation d'A. Rabbe. — Nouvelle tentative libérale à la fin de 1820. — Fondation du *Caducée.* — ISÈRE : Progrès des libéraux dans la région dauphinoise. — Leurs relations avec les révolutionnaires piémontais. — Rôle de l'Ecole de droit et du cercle Arribert à Grenoble. — Activité du *Journal libre.* — Lutte contre la Commission de censure. — Evènements de juin 1820. — Alarme provoquée par les incidents d'Italie. — Gravité de la situation au début de 1821. — Préparatifs d'émeute au cercle Arribert. — Insurrection de Grenoble, le 20 mars 1821. — Dissolution du cercle Arribert. — Surveillance étroite du *Journal libre* par les censeurs. — DROME : Répercussion de l'agitation dauphinoise. — RHONE : Calme de la région lyonnaise. — Force du parti des ultras. — Modération des journaux locaux. — Concurrence des différentes feuilles. — Tentative d'informations rapides. — Inquiétude de la police devant ces procédés nouveaux. — PUY-DE-DOME : Importance des libéraux à Clermont-Ferrand. — Rôle de *L'Ami de la Charte*. — CHER : Procès du *Journal du Cher*. —COTE-D'OR : Inertie de la presse politique. — AUBE : Activité des libéraux dans l'Est. — Rigueurs journalières de la Commission. — HAUTE-MARNE : Résistance du *Courrier de la Haute-Marne*. — MEURTHE : Efforts des censeurs. — Transformations successives du *Journal de la Meurthe*. — MOSELLE ET BAS-RHIN : Agitation dans les départements frontières. — Fondation à Strasbourg du *Patriote alsacien* par Marchand. — Arrestation de Marchand. — Procès et disparition du *Patriote alsacien*. — Influence politique du *Courrier du Bas-Rhin*.

Les Commissions départementales mirent plus de temps à s'organiser que la Commission parisienne. Le Conseil de surveillance dressa d'abord une liste, qui figure dans ses papiers, de tous les chefs-lieux où l'existence d'une presse active exigeait une Commission : Bordeaux, Bourges, Caen, Chaumont, Clermont-Ferrand, Dijon, Grenoble, Laon, Lille, Lyon, Marseille, Montpellier, Nancy, Nantes, Rennes, Rodez, Rouen, Strasbourg, Toulouse, Troyes, Valence. Puis, en attendant que l'on eût réuni les trois membres nécessaires, le préfet fut chargé de la surveillance provisoire.

On assistait justement depuis 1819 à un véritable essor de la presse provinciale. Après l'activité des années révolutionnaires, les journaux départementaux, qui avaient pu se maintenir à travers toutes les tourmentes et les agitations successives, étaient tombés au rôle de simples feuilles d'annonces locales, où dominait surtout un caractère commercial. Peu à peu cependant, depuis la chute de l'empire, une transformation lente, qui témoigne du réveil progressif de l'opinion, avait imprimé à ces feuilles sans importance et sans intérêt une allure plus vivante. De plus en plus, elles avaient osé sortir de leur cadre commercial, faire à l'information puis à la discussion politiques une part chaque jour plus large. La loi sur la presse de 1819 avait donné à ce mouvement, jusqu'alors indécis et peu sensible, une ampleur imprévue. Brusquement, dans une éclosion remarquable, on avait vu la plupart de ces feuilles départementales, hésitant la veille encore à élargir leur champ d'action, devenir d'importants organes politiques, débordant d'une force et d'une activité nouvelles. Dans cette crise soudaine, un grand nombre de journaux s'étaient fondés ; un personnel de jeunes rédacteurs en avait pris la direction et cette métamorphose avait ranimé de place en place une vie politique assez intense. L'un des journalistes les plus perspicaces de cette génération, Alphonse Rabbe, de Marseille, signalait, dès 1820, cette renaissance de la presse départementale et de l'esprit public [1] ; il y voyait une des forces les plus puissantes du libéralisme et dans ces « foyers particuliers d'opinion », qui « fédéralisaient la pensée [2] », le plus sûr moyen d'entretenir l'agitation qui se dessinait de toutes parts contre le régime d'exception.

On comprend ainsi à quels obstacles vinrent se heurter les Commissions de censure dans les départements les plus actifs, quelle lutte durent livrer ces organes, à peine transformés, menacés dans leur existence par la loi du 31 mars.

Aisne.

Toute la région du Nord (ressorts d'Amiens et de Douai) échappait à l'agitation générale. L'esprit monarchique qui dominait à Amiens [3], s'étendait aux villes voisines. Une indifférence apathique semblait engourdir la vie politique. Dans l'Aisne cependant, la proximité de Paris entretenait une inquiétude encore vague mais qui ne pouvait tarder à faire des centres manufacturiers du département un foyer de libéralisme [4]. Elle se

1. *Lettre sur l'utilité des journaux politiques publiés dans les départements...*, Paris, 1820, in-8° (Bibl. nat., Lb[48], 1398).

2. *Id.*, p. 14.

3. Rapport du procureur-général d'Amiens, 15 juin 1820, Arch. nat., BB[30] 237.

4. La transformation sera complète, surtout pour la région de Saint-Quentin, en 1822 et 1823 ; cf. les rapports des procureurs de cette époque, Arch. nat., BB[30] 239, principalement ceux du 5 mars 1822 et du 6 mars 1823.

marquait pour l'instant, par la publication de placards, la circulation de pamphlets, le colportage incessant de nouvelles et de propos alarmants [1].

C'est pour contenir ce mécontentement naissant que l'on avait établi à Laon une Commission de censure, bien que la presse se bornât presque aux annonces commerciales et judiciaires. La Commission, composée de MM. Debate, Milon et Mauperin [2], se contenta d'adresser au Conseil de surveillance deux rapports espacés par un intervalle de sept mois.

Un seul journal s'occupant de sujets politiques est établi à Laon ; M. Miroy d'Estournelle en est le rédacteur. Ce journal [3] ne contient guère qu'une analyse très succincte des débats des Chambres et des principaux évènements, extraits des journaux publiés à Paris, ainsi que quelques faits qui intéressent particulièrement le département. Son esprit tend un peu vers le libéralisme. Il ne paraît que deux fois par semaine, le mardi et le samedi.

Jusqu'à présent il a été rédigé avec sagesse et la Commission de censure, malgré un examen très attentif, n'a rien remarqué qui fût dans le cas d'être critiqué.

Il existe dans le département d'autres journaux uniquement bornés aux annonces civiles et judiciaires et à la littérature [4] ; ils ne sont point soumis à la censure [5].

Depuis le 9 juin dernier, la Commission de censure n'a fait aucun rapport, la manière dont le seul journal qui existe dans le département est rédigé ne l'ayant pas mis dans le cas. Mais l'exemplaire de la feuille présentée à son examen le 8 de ce mois, contenant un projet d'adresse au Roi proposé à la Chambre des députés par M. le général Foy, l'un de ses membres, dans une séance secrète, considé-

---

1. Rapports du procureur-général des 12, 25 juin, 28 août 1820, Arch. nat., BB^{30} 237.

2. Les noms des membres des Commissions départementales sont donnés sous toutes réserves. Ils ne sont fournis que par les signatures, souvent difficiles à déchiffrer, qui figurent au bas des rapports.

3. Intitulé *Journal de l'Aisne, politique, littéraire, commercial, agronome, insertions judiciaires, légales, annonces et avis de tout le département*, fondé en 1807.

4. *L'Argus Soissonnais*, fondé en 1819 et le *Journal de Saint-Quentin*, vers 1810.

5. Rapport du 9 juin 1820.

rant premièrement que ce projet d'adresse, qui n'a point été adopté par la Chambre, n'a encore été publié par aucun des journaux de la capitale, et secondement qu'un journal ne peut rendre compte de ce qui s'est passé dans une séance secrète, la Commission a pensé qu'il y avait lieu de ne pas permettre, au moins jusqu'à nouvel ordre, l'insertion du projet d'adresse dont il s'agit. Elle a, en conséquence, arrêté que cette insertion serait ajournée [1].

Nord et Pas-de-Calais.

La liste établie pour le Conseil de surveillance signale une Commission de censure dans le département du Nord. Cette Commission avait été prévue sans doute pour observer une petite feuille, *L'Echo du Nord* [2], qui laissait percer, comme le *Journal de l'Aisne*, quelques tendances libérales. L'absence de tout rapport et de toute mention dans les procès-verbaux du Conseil peut faire supposer qu'elle ne fut pas constituée.

Dans le Pas-de-Calais, les journaux qui essayaient de sortir de leur cadre d'annonces ne parvenaient pas à se maintenir, même s'ils reflétaient les sentiments monarchiques de la population. C'est ainsi que disparaît, au moment où partout ailleurs la presse provinciale prend corps et se fortifie, la seule feuille politique du département, *La Vedette de Cambrai*, « sentinelle perdue des tirailleurs du *Drapeau blanc* [3] ».

Calais avait aussi son journal, mais d'un caractère plus particulier ; rédigé en anglais, *The Pas-de-Calais*, il se bornait à transcrire quelques articles parisiens. En juillet toutefois, pour avoir négligé le dépôt prescrit par la loi du 31 mars, l'éditeur fut poursuivi et condamné par le tribunal de Boulogne à un mois de prison et 200 francs d'amende [4].

---

1. Rapport du 9 janvier 1821.
2. Cité par *Le Censeur européen*, 8 mai 1820.
3. *Le Constitutionnel*, 15 mai 1820.
4. Lettre du comte Portalis au président du Conseil de surveillance, 20 juillet 1820.

Seine-Inférieure.

En abordant les départements normands, on pénètre dans une région où les idées libérales avaient pris, depuis quelques années, un développement singulier. On peut suivre, à mesure que l'on avance dans ces contrées de l'Ouest, les progrès de cette opposition, qui provoquait une vie politique de plus en plus active et fiévreuse. A vrai dire, cette agitation se cantonnait, la plupart du temps, dans les villes, mais elle suffisait à entretenir dans les campagnes une inquiétude incessante.

Comprise entre deux zones d'opinions si différentes, la Seine-Inférieure semblait soumise à cette double influence. Il en résultait une certaine hésitation, un manque d'assurance et d'audace dans l'opinion générale [1] ; on y discernait, malgré tout, un penchant marqué vers le libéralisme, atténué par un sentiment d'ordre et de modération [2]. Cet état d'esprit facilita la tâche de la Commission de censure. Composée de MM. Leroy de Flages, Le Thuissier, A. Corneille, elle entra en fonctions le 20 mai ; le 26, elle résuma, dans son premier rapport, les principes qu'elle comptait appliquer dans sa surveillance quotidienne.

La Commission de censure pour le département de la Seine-Inférieure a l'honneur de vous informer qu'elle a été installée par M. le Préfet le 20 mai 1820 et qu'elle a commencé aussitôt ses fonctions. Jusqu'ici cette Commission s'est guidée dans son travail sur les instructions qui lui ont été remises par M. le Préfet et qui ne contiennent que des principes généraux. Ces principes se réduisent à ceux-ci :

La censure devra écarter des journaux tout ce qui peut exciter les passions, tout outrage aux personnes et toute provocation à la désobéissance au Roi. Elle doit protéger indistinctement les individus de

---

1. Rapport du procureur-général de Rouen du 5 avril 1820, Arch. nat., BB[30] 238.

2. Id. : « J'observe de plus que généralement et dans tous les temps il règne ici un esprit d'ordre et de modération... » ; et rapport du 26 septembre 1820, qui indique nettement la prépondérance des libéraux.

toutes les classes et de toutes les opinions contre les personnalités, les injures et les allusions malveillantes de la haine ou de l'esprit de parti. Le premier devoir de la censure est d'écarter des écrits soumis à son examen tout ce qui pourrait porter atteinte à la Religion, au Roi et à la Légitimité[1]......

Ces termes, qui ne font que reproduire les instructions ministérielles laissaient aux Commissions départementales la plus complète latitude. La Commission de Rouen n'eût guère l'occasion d'en faire usage ; elle ne rencontra, dans la presse ou plutôt dans l'unique journal politique ni hostilité ni défiance.

...... La plupart des feuilles périodiques imprimées à Rouen et dans d'autres villes du département ne contiennent que des annonces pour le commerce et l'industrie et ne peuvent renfermer aucune nouvelle politique ; ainsi ces écrits périodiques ne sont point soumis à notre examen. Notre censure ne peut s'exercer que sur un seul journal politique et littéraire publié à Rouen pour tout le département de la Seine-Inférieure, [*Le Journal de Rouen et du département de la Seine-Inférieure*[2]]. Ce journal est de la même nature que ceux de Paris. Il paraît tous les jours, et tous les jours aussi nous en lisons le manuscrit. Nous ne pouvons... que rendre justice au propriétaire et rédacteur de cette feuille périodique pour la sagesse et la modération qu'il apporte à la rédaction des articles insérés dans son journal. Ses articles sont ordinairement extraits du *Moniteur*, du *Journal de Paris*, du *Journal des Débats* et autres. L'impartialité qui préside aujourd'hui à la rédaction du journal politique de Rouen nous mettra rarement dans le cas de faire des retranchements ; mais une observation, Messieurs, que nous ne devons pas négliger de vous faire, c'est que le propriétaire de ce journal, par ses fréquentes communications avec les membres de notre Commission et par les conseils qu'il leur demande, sait presque toujours d'avance si les articles de son journal sont contraires aux principes généraux qui dirigent la censure... La censure par ce moyen devient beaucoup plus douce et ne laisse pas que d'atteindre le but que s'est proposé le Gouvernement[3]......

---

1. Rapport du 26 mai 1820.

2. Cf. Hatin, *Bibliographie...*, p. 293.

3. Rapport du 17 juin 1820. — Cf. une lettre du procureur du roi de Rouen au procureur-général, le 9 juin 1820 : « ... Je ne crains pas... de vous donner dès à présent l'assurance qu'aucun des deux journaux qui sont autorisés dans cette

Cette modération générale empêcha la Seine-Inférieure d'être atteinte par les troubles provoqués en juin par la discussion de la loi électorale [1]. Ce ne fut qu'un peu plus tard, en juillet, après la séparation de la Chambre, que l'agitation la gagna. Dans toute la région de l'Ouest, la campagne électorale prit une forme originale ; elle se marqua par une série de manifestations pour ou contre les députés qui venaient préparer le renouvellement de leur mandat. Dans la plupart des villes, les libéraux furent accueilis par des ovations chaleureuses, des *triomphes* ou des *sérénades*, tandis que l'on réservait aux ultras des réceptions tumultueuses et hostiles, des *charivaris*, suivant les expressions de l'époque. Ces sérénades et ces charivaris, qui se succédèrent presque sans interruption en juillet et en août, prirent parfois un véritable caractère d'émeute. A Rouen, elles restèrent sans gravité. La Commission de censure cependant s'opposa à l'insertion des comptes-rendus de ces manifestations, dont le gouvernement cherchait partout à atténuer le retentissement. Devant les résistances des journaux, la Commission finit par autoriser la publication de ces nouvelles, mais s'efforça, par des retranchements ou des modifications, d'en restreindre la portée. Le mouvement commença, à Rouen, le 17 juillet, par une sérénade en l'honneur de M. Le Seigneur, député de Seine-Inférieure.

...... L'impartialité qui préside à la rédaction du *Journal de Rouen*... nous met rarement dans le cas de faire des retranchements... Cependant, Messieurs, un article fait à Rouen et qui a été soumis à notre examen le 17 juillet ne nous a pas paru convenable à être inséré dans

---

ville ne donnera lieu à l'application de cette loi. Leurs éditeurs ont donné, pendant le temps même de la plus grande licence de la presse, trop de garanties de leur modération et de leur sagesse pour que je puisse regarder comme possible une contravention de leur part à la nouvelle loi pénale... » Arch. nat., BB^{30} 238. Le second journal auquel fait allusion le procureur du roi était intitulé *Bulletin de Rouen, journal commercial et maritime*, fondé en 1801 (Bibl. nat., Lc^{11}, 866). Il existait à Rouen un autre journal, mais sans apparence politique, *Le Neustrien, journal de la littérature, des tribunaux, des arts et des spectacles*, fondé en 1810 (Bibl. nat., Lc^{11}, 869).

1. Cf. toute la série des rapports des divers procureurs du roi, du 7 au 16 juin, qui attestent la tranquillité du ressort, Arch. nat., BB^{30} 238.

le journal sans une correction préalable. Cet article relatif à M. Le Seigneur, député de la Seine-Inférieure, était ainsi conçu :

« *Les habitants de la ville de Rouen* ont saisi samedi soir avec « empressement le passage de M. Le Seigneur, député de la Seine-« Inférieure, pour lui offrir le témoignage de leur reconnaissance. Ils « eussent regretté de le laisser rentrer dans ses foyers sans le remercier « de la fermeté qu'il a déployée, de tous les efforts qu'il a constam-« ment faits pendant le cours de la session *pour soutenir nos droits* et « l'intérêt du commerce. Une quantité de personnes étaient réunies sur « la place Henri IV, etc. *La musique de la garde nationale*, à laquelle « s'étaient joints les amateurs de la ville, lui ont donné une brillante « sérénade, etc., etc., etc... »

Nous avons pensé, Messieurs, que la première phrase pour être conforme à la vérité ne devait pas exprimer une idée aussi générale et qu'on ne devait parler que de *quelques habitants de la ville de Rouen*......

Nous avons cru également que nous ne pouvions pas laisser subsister dans l'article ces mots : *pour soutenir nos droits*, puisque le Gouvernement a proposé une autre loi d'élections et que les Chambres l'ont adoptée [1]......

Ces ovations se multiplièrent bientôt [2]. Elles devinrent en même temps de plus en plus violentes, à mesure que s'échauffaient les passions. Le passage de Laffitte, le 9 août, suivant de près celui de Casimir-Périer, suscita même quelque désordre. Vers 11 heures du soir, une colonne de 1.200 personnes environ vint manifester sous les fenêtres de l'Hôtel de France, où était descendu le député libéral. « Parmi les cris qui se firent entendre dans ce rassemblement, raconte le procureur-général, on en remarqua quelques-uns de séditieux tels que : Vive la République [3] ! » La Commission de censure supprima tout article relatif à ces incidents.

... Depuis notre lettre du 23 juillet, nous n'avons fait aucune correction dans les articles insérés dans le *Journal de Rouen*. Mais nous ne

1. Rapport du 23 juillet 1820.
2. Rapport du procureur-général, 13 août 1820, Arch. nat., BB[30] 238.
3. Id.

devons pas vous laisser ignorer, Messieurs, que deux députés de la Seine, MM. Casimir-Périer et Laffitte, sont venus à Rouen l'un après l'autre pour des affaires de commerce. Quelques habitants de cette ville ont cru devoir, par des démonstrations publiques, leur décerner les mêmes honneurs qu'à un député de notre département, honneurs dont nous vous avons déjà parlé dans notre dernière lettre. Nous avons pensé, Messieurs, que le journal soumis à notre censure ne devait pas parler de cette espèce d'ovation décernée à deux députés étrangers au département de la Seine-inférieure [1]......

Ce ne fut là d'ailleurs qu'une agitation passagère. L'esprit de modération finit par l'emporter. Dès la fin de 1820, les censeurs signalaient dans leurs rapports la soumission des éditeurs du *Journal de Rouen*, dont ils étaient devenus en quelque sorte les collaborateurs.

... Le rédacteur du *Journal de Rouen* continue à manifester son impartialité et le bon esprit qui l'anime. Nous avons avec lui de fréquentes communications, en sorte que notre censure se réduit plutôt à la direction du journal qu'à des retranchements à y faire [2]...

Calvados.

Les passions politiques, tièdes encore dans la région rouennaise, devenaient plus ardentes aux approches de la Bretagne. Les ultras conservaient, à Caen, une prépondérance marquée [3], mais les libéraux s'agitaient avec plus d'audace que dans la Seine-Inférieure. Cette opposition des partis donnait à la presse, active surtout depuis 1819, un ton de violence particulière. Les journaux se dépensaient en polémiques acerbes ou en insinuations personnelles. C'est ce qui explique la hâte avec laquelle fut

1. Rapport du 30 août 1820.
2. Rapport du 17 décembre 1820. — Cf. les rapports du 7 octobre 1820 et du 1er février 1821, conçus à peu près dans les mêmes termes.
3. Rapport du procureur-général de Caen, 27 septembre 1820, Arch. nat., BB30 237.

organisée la Commission de censure dès le commencement du mois de mai 1820. Les trois censeurs désignés furent Thomine-Desmazures, Jamet, Thierry fils. Le 30 mai, ils adressèrent leur premier rapport au Conseil de surveillance :

Nous sommes entrés en fonctions le mardi 9 de ce mois.

Il y a dans notre ville deux journaux ; l'un qui a pour titre *L'Observateur Neustrien*, l'autre intitulé *Journal du Calvados*. Le premier paraît les mercredi et samedi de chaque semaine, le second les jeudi et dimanche.

L'Observateur Neustrien est royaliste et religieux. Il fut établi, il y a environ un an, par une société de personnes dévouées au Roi et à la légitimité pour combattre les mauvaises doctrines que l'autre journal s'efforçait de propager. En général, il est bien écrit ; il nous donne peu d'affaires ; cependant nous avons rayé une de ses phrases qui nous a paru être trop forte et accuser indirectement le corps enseignant. Il a beaucoup plus d'abonnés que l'autre.

Le *Journal du Calvados* est ultra-libéral et essentiellement mauvais. Il n'a que peu d'abonnés ; il ne se soutient que parce que c'est dans ce journal que, par habitude, les agents d'affaires et les avoués font insérer le plus grand nombre des affiches et annonces judiciaires. Il ne copie que tout ce qu'il trouve de plus ultra-libéral et anti-social dans les journaux de la capitale. Il fait aussi quelques articles que nous nous trouvons souvent obligés de supprimer en tout ou en partie. Nous ne biffons que le moins que nous pouvons ; car si nous effacions tout ce qui s'y dit dans le sens d'un parti, et souvent avec des intentions très hostiles, nous serions obligés de tout supprimer.

Nous nous sommes fait un devoir de la plus grande modération, pour ne point porter atteinte à la liberté de la presse.

L'imprimeur de ce journal est un honnête homme, et nous n'avons point à craindre qu'il imprime ce que nous avons supprimé [1]......

Ce rapport, malgré sa précision, ne rend pas suffisamment compte de la situation de la presse dans le Calvados au moment où entrait en vigueur la loi de censure. Il existait d'abord un troisième journal, *La Marotte littéraire du Calvados*, qu'un jeune homme, Florent Richomme, venait de fonder au mois de mars.

1. Rapport du 30 mai 1820.

L'entreprise était avant tout d'ordre littéraire, mais elle laissait percer une inclination libérale. La nouvelle feuille n'eut d'ailleurs que deux numéros ou cahiers, en mars et en avril, puis Florent Richomme passa à la rédaction du *Journal du Calvados* [1].

Ce dernier organe jouissait, par son ancienneté, d'un véritable prestige dans le département. Il avait été fondé en 1786 par un commerçant, nommé Le Peltier, et, sous des titres divers : *Affiches ou journal et avis divers de la Basse-Normandie, Journal général du Calvados, Journal politique, affiches, annonces et avis divers du département du Calvados*, s'était maintenu à travers toutes les vicissitudes politiques [2]. Simple feuille d'annonces commerciales à l'origine, il s'était vite transformé, pendant la période révolutionnaire, en journal politique. Sans aucune dignité d'ailleurs, Le Peltier avait accepté tour à tour tous les régimes et s'était plié aux principes des gouvernements successifs. Ces nombreuses variations, trop rapides surtout entre 1814 et 1816, avaient fini par indisposer les partisans résolus de la royauté. Le journal déclinait lorsqu'en 1819 Le Peltier en remit la propriété à sa fille. Ce fut comme un rajeunissement. Le *Journal du Calvados* prit une allure plus franche, accentua ses tendances libérales, se tourna plus ouvertement contre le clergé. Cette attitude décida les royalistes ultras à rompre définitivement. Nombreux à Caen, ils entreprirent de fonder une feuille rivale. Une société se forma sur l'instigation d'un avocat, conseiller municipal de Caen, Joyau, bonapartiste converti. Il groupa autour de lui les personnages les plus en vue du parti royaliste local : L. Midy, Thomine-Desmazures, avocat et professeur de droit, Guernon-Ranville, Arsène Gautier. Ils parvinrent à attirer à eux le principal rédacteur du *Journal du Calvados*, Urbain Guilbert et, forts de cette collaboration, ils annoncèrent la publication d'un nouvel organe, *L'Observateur neustrien* [3].

1. Cf. G. Lavalley, *Bibliographie des journaux normands qui se trouvent à la bibliothèque municipale de Caen. Notice historique*, Caen, 1910, in-8°, p. 67-68.
2. *Id.*, p. 10 et suiv.
3. *Id.*, p. 82-84 ; — G. Lavalley, *Études sur la presse en Normandie*, Paris, 1901, in-8°, p. 76 et suiv. (étude sur *L'Observateur neustrien*).

Sans ambages, ils déclarèrent, dans un prospectus, leur intention d'attaquer « ces honnêtes gens en place sous tous les régimes, saluant toutes les tyrannies, acceptant toutes les servitudes..., ces écrivains impies, professeurs d'athéisme et de révolte [1] ». Le 25 août 1819 parut le premier numéro de *L'Observateur*.

Entre les deux feuilles concurrentes, le conflit ne tarda pas à s'envenimer. Le *Journal du Calvados*, attaqué, harcelé sans cesse, se mit à l'unisson et son nouveau rédacteur, Casimir Desaintjean, dénonça la coterie d'Urbain Guilbert et de Joyau. Ce fut de part et d'autre une suite d'invectives ardentes que la réunion de la Commission de censure, au mois de mai, ne parvint pas à refréner.

Le bruit de ces polémiques, qui témoignaient de l'exaltation de l'esprit public, se répandit jusqu'à Paris. La presse libérale s'en prit à *L'Observateur*, signala la violence qui régnait dans ses colonnes. « Qui a lu *Le Drapeau blanc* et *La Quotidienne*, écrivait *Le Courrier français* dans son numéro du 17 juin, croit connaître la borne des excès auxquels peuvent porter la licence et la frénésie des partis, lorsque des brouillons politiques se jettent aveuglément à travers les passions pour exciter les haines et réveiller les vengeances. Il reste cependant encore quelque chose à lire après ces écrits ; c'est un journal auprès duquel *La Quotidienne* paraît pacifique, *Le Drapeau blanc* presque lisible et *La Gazette*, sinon tolérante, du moins tolérable. Ce Roland de l'ultracisme, ce don Quichotte de la féodalité n'est pourtant qu'une feuille de province. Mais, digne élève de ses pédagogues parisiens, *L'Observateur neustrien* les a laissés bien loin derrière dans l'art de la calomnie et des déclamations. *La Ruche d'Aquitaine* [2] elle-même, dont le dévergondage monarchique a passé en proverbe dans le midi, pâlit à côté du terrible *Observateur* qui serait effrayant s'il n'était pitoyable. »

Dans ces débats, le *Journal du Calvados* reprochait surtout à *L'Observateur* d'être favorisé par la Commission de censure. Le

1. Cité par G. Lavalley, *Etudes sur la presse en Normandie*, p. 81.
2. Cf. p. 104 et suiv.

fils d'un de ses membres, Thomine-Desmazures, appartenait en effet à la rédaction du journal royaliste. Ces plaintes parurent suffisamment fondées pour que le procureur-général prît en main la cause du *Journal du Calvados*; il informa le sous-secrétaire d'Etat Portalis de la partialité de la Commission : « Il faut savoir, écrivit-il, que l'un des rédacteurs du journal *L'Observateur neustrien* est fils du premier et principal censeur. et que le père censeur est peut-être le collaborateur de son fils dans cette rédaction. Le père (M. Thomine-Desmazures) est un jurisconsulte instruit, bon président du tribunal de première instance, bon professeur de législation criminelle aux écoles de droit, mais très exalté dans ses opinions, et l'un des membres du comité de onze heures du soir chez M. de Berthier, alors préfet du Calvados, où on proposait et préparait les destitutions à la fin de 1815 et au commencement de 1816 [1]. » Par une lettre du 22 juin, Portalis transmit ces récriminations au Conseil de surveillance :

Je reçois de M. le Procureur-général près la Cour royale de Caen des renseignements que je crois devoir vous communiquer. Ils sont relatifs aux journaux politiques qui paraissent dans cette ville.

Ces deux journaux, dit ce magistrat, sont écrits avec exaspération et dans deux sens opposés, et, avant la loi sur la censure, ils faisaient l'un et l'autre beaucoup de mal. Depuis qu'ils sont soumis à la censure, l'un d'eux est heureusement censuré avec sévérité, mais il y a excès d'indulgence pour l'autre de la part de MM. les censeurs, et il en résulte des inconvénients...

Le Conseil de surveillance à son tour, par une lettre du 22 juin, fit des remontrances à la Commision de censure de Caen et lui rappela ses devoirs d'impartialité et de modération. Ces reproches piquèrent les censeurs ; ils crurent bon de répliquer par un rapport et de justifier leur conduite :

Nous avons reçu la lettre que vous nous avez fait l'honneur de nous écrire le 22 de ce mois, par laquelle vous nous apprenez qu'il a été

1. Lettre du 20 juin au comte Portalis, Arch. nat., BB[30] 237. Cf. lettre du 9 juin.

porté plainte contre nous comme n'exerçant pas la censure avec une sévère impartialité.

Il nous semble qu'il eût été dans l'ordre de nous indiquer l'article ou les articles du journal qui auraient pu nous attirer ce reproche. Car comment nous justifier d'un reproche aussi vague ?...

Tout ce que nous pouvons dire, c'est que *nous* ne le *méritons* pas. Etrangers à tous les partis, nous ne souffrons, autant que possible, aucune exagération...

Et tout ce que nous pouvons penser, c'est que cette plainte a été faite pour appuyer les déclamations qui ont eu lieu à la Chambre des députés contre la censure, et nous sommes bien assurés qu'elle ne vient pas d'un royaliste, quelque tiède qu'on puisse le supposer.

Il est assez extraordinaire que le délateur nous taxe d'excès d'indulgence pour un journal, *L'Observateur neustrien* sans doute, tandis que l'un des rédacteurs de ce journal s'est plaint amèrement de ce que nous le censurions avec trop de rigueur.

Il est bon, Messieurs, que nous profitions de cette circonstance pour vous faire connaître nos sentiments.

M. le président du Conseil des ministres a dit que la censure est établie dans l'intérêt de la religion, du trône et de la légitimité. Cette explication de la loi et notre conscience font notre règle unique...

Nous avons *résisté* tant que nous avons pu pour ne pas avoir la charge qu'on nous a imposée. On nous a dit que la refuser, c'était, de notre part, nous refuser à faire le bien ; nous l'avons acceptée à la condition expresse que nous agirions gratuitement. S'il arrivait que la censure eût un autre but que celui qu'on nous a annoncé, nous ne serions plus les hommes de la chose [1]......

Le Conseil de surveillance, loin de se montrer satisfait de ce rapport, crut y voir un indice des dispositions intransigeantes de la Commission. « Cette lettre, dit le procès-verbal de la séance du 11 juillet, a paru d'un style peu mesuré et le président du Conseil a été chargé d'en référer à M. le sous-secrétaire d'Etat. »

Ainsi blâmé par l'administration centrale, attaqué par les libéraux, la Commission se trouvait dans une situation embarrassante. *L'Observateur* lui-même, comme le faisaient remarquer les censeurs dans leur dernier rapport, se déclarait mécontent. Suivant l'exemple des feuilles de Paris, les rédacteurs rempla-

1. Rapport du 29 juin 1820.

çaient par des lignes de points les phrases supprimées ou publiaient en brochure les articles refusés [1]. Les censeurs se lassèrent d'une tâche aussi délicate ; ils s'abstinrent désormais d'envoyer au Conseil de surveillance de nouveaux rapports. En décembre seulement, ils adressèrent à Paris un court billet pour rappeler leur existence et résumer la situation.

> Depuis que nous avons eu l'honneur de vous écrire, il ne s'est rien passé que nous ayons jugé digne de votre attention. De jour en jour, nos fonctions deviennent moins pénibles. Les rédacteurs des deux journaux que nous avons ici se sont habitués au frein de la censure que, de notre côté, nous avons cherché à leur rendre plus supportable. Cependant, quoique nous soyions moins difficiles à mesure que l'on paraît moins aigri, nous continuons à donner nos soins pour comprimer le mauvais esprit de l'un des journaux et pour modérer le zèle ardent et quelquefois outré de l'autre [2].

L'apaisement était en effet relatif. *L'Observateur* persévérait dans sa violence et les libéraux dénonçaient toujours son « emportement [3] ». Mais rien ne permet plus de suivre les démêlés des deux journaux avec la censure. Il semble cependant que la Commission ait été renouvelée pendant l'année 1821, puisque le *Journal du Calvados*, dans un article du 11 octobre 1821, s'en prend, pour attaquer la censure persistante, à l'abbé Paysant, grand-vicaire de l'évêque de Bayeux [4].

---

1. Cf., par exemple, *Réflexions sur les circonstances présentes*, par le vicomte de Malherbe, Caen, in-8°, 22 p., recueil d'articles refusés signalé par G. Lavalley, *Bibliographie des journaux normands*..., p. 84.
2. Rapport du 2 décembre 1820.
3. D'après une brochure de Joyau, *De Chambord et du roi chevalier*, Caen, 1821, in-8°, 13 p., citée par G. Lavalley, *Études sur la presse en Normandie*, p. 113.
4. D'après G. Lavalley, *Bibliographie des journaux normands*..., p. 16.

Ille-et-Vilaine et Finistère.

Dans toutes ces régions de l'Ouest, c'était la Bretagne qui formait le principal centre de la résistance libérale [1]. Elle prenait ici une forme agressive et, tandis que partout ailleurs elle se confondait avec l'opposition bonapartiste, elle gardait, dans les départements bretons, un caractère républicain plus pur et plus exclusif [2]. Cet état d'esprit, général de Laval à Nantes [3], comme de Rennes à Brest, entretenait une agitation fébrile qui s'accentuait plus ou moins suivant les contrées ; plus contenue et plus latente dans les Côtes-du-Nord et le Morbihan, elle éclatait surtout dans l'Ille-et-Vilaine et le Finistère [4]. Elle restait d'ailleurs uniquement urbaine, et, dans les villes mêmes, c'était au sein de la bourgeoisie commerçante et aisée que se recrutait cette opposition. Les campagnes se maintenaient à part, sans aucune influence active, conservant la tradition religieuse et royaliste [5].

Cet antagonisme des villes et des campagnes donnait au conflit des partis politiques en Bretagne un aspect particulier. Il prenait presque l'apparence d'une véritable lutte persistante entre deux classes sociales. « La guerre civile connue sous le nom de chouannerie pendant la Révolution et la démonstration d'hostilité pendant les Cent-jours, dit un rapport du procureur, ont laissé... une organisation toute faite dans le parti royaliste.

---

1. Pour l'étude de l'opinion en Bretagne, les rapports du procureur-général du ressort de Rennes (rédigés par Bourdeau, procureur-général et député ou par Varin, premier avocat-général) offrent une source essentielle et précieuse. Ils forment un gros dossier (Arch. nat., BB^{30} 238) qui comprend notamment une série de rapports composés sur les lieux mêmes par Bourdeau, lors d'une tournée d'inspection qu'il fit, par ordre du gouvernement, au mois d'août 1820.

2. Rapport du 16 août 1820, Arch. nat., BB^{30} 238.

3. Pour l'opinion de Nantes, cf. le paragraphe suivant sur la Loire-Inférieure.

4. Pour les Côtes-du-Nord, cf. rapport du 26 août ; pour le Morbihan, rapports du 15 et du 16 août ; pour l'Ille-et-Vilaine, rapport du 27 août ; pour le Finistère, rapport du 22 août ; Arch. nat., id.

5. Cf. surtout rapports du 16 et du 22 août, id.

Comme militaire, cette organisation est armée et il n'y a pas un paysan qui n'ait son fusil [1]. » Ce furent des cadres analogues à ces associations royalistes que formèrent les libéraux lorsqu'ils sentirent, dès le début de 1820, la nécessité de se grouper pour résister aux lois d'exception. Dans toutes les villes importantes, on vit éclore rapidement des sortes de sociétés secrètes; puis, par un mouvement naturel, ces sociétés se lièrent entre elles et enserrèrent, comme d'un réseau menaçant, l'ensemble des départements bretons. On désignait ces groupements par le terme vague d'*affiliations fédératives*. « Il n'existe, écrit en juin le procureur-général, aucune preuve matérielle de ces affiliations et associations factieuses. Le hasard seul pourrait en procurer, mais les preuves morales ne manquent pas [2]. » Presque rien n'a transpiré sur les pratiques de ces groupes d'action ; les membres devaient prêter un serment dont nous ignorons les données ; ils se réunissaient par brigades, subdivisées elles-mêmes en escouades de cinq hommes, pour ne point éveiller les soupçons, et suivaient les instructions de quelques comités centraux [3]. Plusieurs de ces sociétés, fondues sous le nom de *fraternisation* [4], furent, semble-t-il, en rapports avec les associations de *compagnons* [5].

Grâce à cette organisation, ébauchée en quelques mois, le mouvement conservait une certaine unité. Seules de rares régions bien déterminées s'agitaient d'elles-mêmes, sans attendre le mot d'ordre : la Sarthe, par exemple, assez active pour posséder un journal politique local, *L'Echo de la Sarthe* [6], et surtout la petite ville de Pontivy, que le procureur-général signalait pour son « fanatisme républicain [7] ». Mais ce n'étaient là que des excep-

---

1. Rapport du 16 août, Arch. nat., BB[30] 238.
2. Rapport du 19 juin, id.
3. Id. ; — rapport du 27 juillet, Arch. nat., BB[30] 238.
4. Cf. sur ce mouvement de *fraternisation* un article de *La Gazette de France*, n° du 12 avril 1820.
5. Rapport du 27 juillet, Arch. nat., BB[30] 238.
6. Cité par *Le Constitutionnel*, 1er mai 1820. Sur l'opinion dans la Sarthe, cf. rapport du 19 juillet, Arch. nat., BB[30] 238.
7. Rapport du 15 août, id.

tions. La véritable agitation libérale se concentrait, sans parler de Nantes, à Brest et à Rennes.

Brest, à l'extrémité de la presqu'île, vivait dans un trouble perpétuel [1]. Le port fournissait une populace toujours prête aux manifestations et à l'émeute. Elle se laissait aisément diriger par les deux groupes qui donnaient aux idées républicaines un plus solide appui : les commerçants et les officiers de marine. « C'est du haut commerce de Brest... que sortent toutes les impulsions qui s'y donnent, mouvements et séditions qui s'y opèrent... Quant au corps de la Marine... presque tout entier, il vit avec les libéraux, pense avec eux, agit avec eux et se montre dans une permanente hostilité [2]. » Toutefois, malgré cette prédominance, les libéraux n'étaient point parvenus à fonder à Brest un journal départemental. *Le Courrier de Brest*, que l'on signale quelquefois [3] et que la censure jugea négligeable, ne semble pas être sorti des bornes d'une feuille d'annonces ordinaire.

Le libéralisme, qui s'appuyait à Brest sur le commerce et la marine, trouvait à Rennes un centre plus propice dans les Ecoles. Il existait dans la ville une Ecole de médecine et une Ecole de droit. L'Ecole de médecine restait secondaire avec ses 50 étudiants, d'origine généralement modeste et presque populaire [4]. L'Ecole de droit avait une tout autre importance. Elle occupait 250 étudiants, appartenant pour la plupart à la haute bourgeoisie, tous dévoués avec ardeur au triomphe de la cause libérale [5]. « Ennemis de tout despotisme, écrit l'un de ces étudiants, de celui de l'ancien régime comme de celui de l'empire, ils veulent le règne des lois, la sûreté des personnes et des propriétés, et un gouvernement protecteur de l'industrie... ; voilà ce que veulent...

---

1. Cf. A. Dessoye, *Brest sous la Restauration. Le parti libéral et les Missions*, Brest, 1895, in-12, 134 p.
2. Lettre du comte Portalis au ministre de la Marine, du 4 septembre 1820, résumant les rapports du procureur-général du 22 août et du 4 septembre, Arch. nat., BB^{30} 238.
3. Cf. notamment *Le Constitutionnel*, 19 juin 1820.
4. Rapport du 27 juillet, Arch. nat., BB^{30} 238.
5. Id.

les jeunes Rennois... et voilà ce qu'ils peuvent obtenir et ce qu'ils obtiendront sous la royauté constitutionnelle [1]. »

Dans cette agitation qui se dessine en 1820 parmi les Ecoles de droit, c'est de celle de Rennes que partit le premier signal. Cette exaltation la faisait dénoncer par le procureur-général Bourdeau comme un foyer des plus dangereux : « L'esprit de révolte et de sédition est tellement enraciné dans cette Ecole excitée, organisée pour cela et liée par des serments, qu'il sera indispensable d'y porter un coup vigoureux [2]. » Les étudiants de Rennes en effet s'étaient faits les promoteurs du mouvement d'affiliations fédératives, et, lorsque la Bretagne avait été embrigadée, ils avaient songé à étendre l'organisation aux autres régions libérales ; une correspondance active avec les Ecoles de Paris et surtout de Grenoble leur avait permis d'accroître le champ de leur propagande [3]. On peut apercevoir ainsi le rôle essentiel du centre breton dans la formation des sociétés secrètes en France durant les années 1820 et 1821.

C'est également aux étudiants qu'il faut attribuer l'essor de la presse politique locale : « C'est un pauvre étudiant de Rennes, écrit un journaliste parisien dans une brochure, réuni à quelques jeunes gens de la même ville, qui, sans autres ressources que des connaissances et du patriotisme, a fondé [*L'Echo de l'Ouest*], le seul journal indépendant qui se lise dans toute la province, et qui, avant la censure, était sans contredit le mieux fait et le plus utile des journaux de départements [4]. » Rédigé principalement par un nommé Taillandier [5], il avait bientôt pris une extension et une influence assez considérables. Les bureaux de l'éditeur qui l'imprimait, Chausseblanche, étaient devenus, à Rennes, le siège où se tramaient toutes les manifestations [6].

---

1. Dans une brochure publiée chez Corréard : *Les opinions sont libres*, Paris, 29 avril 1820, in-8°, 16 p. (Bibl. nat., Lb[30], 1598), p. 7-8.
2. Rapport du 24 juillet, Arch. nat., BB[30] 238.
3. Rapports du 17 et du 27 mai, Arch. nat., BB[30] 238.
4. *Les opinions sont libres*, brochure citée, p. 4.
5. Rapport du 11 juin, Arch. nat., BB[30] 238.
6. Rapport du 17 mai, id.

Organisés en affiliations, soutenus par une feuille quotidienne, les libéraux de Rennes n'avaient pas attendu l'ébranlement parisien. Dès la fin du mois de mars, ils préparèrent un mouvement. Le 31, au cours d'une revue passée par le général comte Coutard, ils se réunirent au nombre de sept à huit cents et répondirent au discours de l'officier par les cris répétés de : Vive le roi ! Vive la Charte ! Vive la Constitution ! Point de lois d'exception ! Il y eut un instant de tumulte ; le général essaya d'intervenir et dût se retirer sous les huées. Pour cette fois, l'affaire en resta là ; le calme finit par se rétablir, mais on avait pu craindre que l'effervescence ne gagnât les troupes rassemblées [1].

C'est au milieu de ces circonstances que l'on connut le vote de la loi de censure. Sans tarder, la Commission prévue fut organisée. On désigna pour en faire partie MM. Le Priol, Rabillon, professeur de rhétorique, et Poirrier, inspecteur d'académie. La Commission comprit, dans l'exaltation des esprits, quelle résistance elle aurait à vaincre. *L'Echo de l'Ouest*, de son côté, s'apprêta, comme les feuilles parisiennes, à résister par tous les moyens aux exigences de la censure. Ce fut dès lors une lutte acharnée. Le 8 juin, les censeurs rédigèrent leur premier rapport.

La Commission de censure établie à Rennes depuis le 19 avril n'a eu à examiner jusqu'à présent que le journal intitulé *L'Echo de l'Ouest*, journal connu par son esprit ultra-libéral et qui s'était souvent permis des personnalités odieuses contre les prêtres, les magistrats et généralement contre une multitude de personnes dont le caractère et les fonctions commandent le respect. Néanmoins, dès les premiers jours de notre entrée en exercice, les rédacteurs ont vu quelle réserve leur était imposée, et ils se sont à peu près bornés à copier les journaux de Paris, et surtout *Le Courrier français*, *Le Censeur* et *La Renommée*.

---

1. D'après un article de *L'Echo de l'Ouest*, rejeté par la censure, publiée dans la brochure déjà citée, *Les opinions sont libres*, et d'après un autre article de *L'Echo de l'Ouest*, nº du 1er avril 1820, publié dans une brochure qui fait suite à *La Bibliothèque historique*, *Documents historiques*, Paris, 1820, in-8º (Bibl. nat., Lc[2], 1111). Cf. également, pour avoir la version royaliste, une lettre publiée par *Le Drapeau blanc*, nº du 10 avril 1820.

Mais ce choix même de journaux nous a avertis que nous devions redoubler de surveillance et nous avons fait, dans les articles qu'on reproduisait, quelques suppressions et ratures, auxquelles l'imprimeur a substitué des points [1].....

La nouvelle des manifestations de Paris, en juin, et de la mort de l'étudiant Lallemant vint exciter encore, à Rennes, l'exaltation libérale. Les troubles commencèrent dans la soirée du 7 juin. Une troupe de jeunes gens se réunit sur la place aux Arbres et défila aux cris de : Vive la Charte ! Vive la liberté [2] ! Pendant quatre jours, à la tombée de la nuit, ce furent les mêmes désordres de plus en plus bruyants et hostiles. Le 9, la colonne d'émeutiers, forte d'environ 400 hommes, vint se heurter, aux cris de : Vivent les députés du côté gauche ! Vive la République ! à des cordons de gendarmerie, pendant que quelques audacieux attaquaient sans succès une des sentinelles du Polygone militaire [3]. Le 10 enfin, les troupes furent rassemblées et l'on opéra un certain nombre d'arrestations parmi les meneurs [4].

L'Echo de l'Ouest n'était pas resté étranger à ces tentatives ; c'était de ses bureaux qu'était parti le mot d'ordre et son rédacteur Taillandier, toujours en tête des colonnes de manifestants, avait été un des premiers arrêtés [5]. La Commission de censure s'était efforcée d'ailleurs de seconder la police dans ces circonstances critiques, en rejetant tout récit trop minutieux des troubles de la capitale. Mais, à l'exemple des journaux parisiens, *L'Echo de l'Ouest* s'était passé de l'autorisation préalable pour insérer quelques commentaires un peu vifs sur les événements récents.

... Nous avons été obligés d'appeler l'attention de l'autorité administrative sur une contravention de l'éditeur de *L'Echo de l'Ouest*. Il

---

1. Rapport du 8 juin 1820.
2. Rapport du 9 juin, Arch. nat., BB^{30} 238.
3. Rapport du 10 juin, *id.*
4. Rapport du 11 juin, *id.*
5. *id.*

avait, au milieu du compte qu'il rendait de deux séances de la Chambre des députés, inséré le récit d'un événement qui s'était passé au dehors et accompagné ce récit de réflexions propres à aigrir les esprits et à fomenter les troubles. Nous n'aurions eu garde de permettre l'impression d'un pareil article s'il avait été soumis à notre censure. M. le Préfet étant alors absent, nous dénonçâmes cette infraction aux lois au Conseiller de préfecture délégué. Celui-ci fit venir l'éditeur, lui rappela ses obligations et finit par lui déclarer qu'en cas de récidive, il s'exposerait aux dispositions pénales de l'article 5 de la loi du 31 mars dernier. L'éditeur promit de ne rien insérer dans son journal politique, qui n'eût été préalablement présenté à la censure [1].....

Taillandier, mis en état d'arrestation, avait été remplacé à la rédaction de *L'Echo de l'Ouest* par un certain Marin Jouaust, plus décidé à continuer la lutte contre la Commission de censure. Après quelques journées de calme, d'ailleurs, l'agitation avait repris et elle s'étendait aux départements voisins. Les charivaris et les sérénades, qui commençaient avec la campagne électorale, devinrent surtout fréquents en Bretagne et prirent bientôt un caractère de sédition. Ce fut le procureur-général et député Bourdeau qui éprouva le premier les dispositions hostiles des libéraux de Rennes. Le 22 juillet, à peine arrivé dans la ville, il fut accueilli par un charivari tumultueux [2]. Au début du mois d'août, ces scènes se multiplièrent : le 8, sérénade à Saint-Brieuc en l'honneur de Carré [3], le 9 à Morlaix en l'honneur de Debordes-Borgris [4]. Le procureur-général écrivait : « Je n'aurai bientôt plus assez de temps pour rendre compte... des réceptions libérales faites aux députés bretons », et il ajoutait : « Toutes ces scènes mettent en rumeur la Bretagne : les royalistes sont timides et s'effrayent, tandis que les libéraux redoublent d'audace [5]. »

Trois manifestations surtout eurent un retentissement consi-

1. Rapport du 15 juillet 1820.
2. Rapport du 22 juillet, Arch. nat., BB[30] 238.
3. Rapport du 11 août, id.
4. Rapport du 16 août, id.
5. Rapport du 9 août, id.

dérable. Le député du Finistère Guilhem fit d'abord, à travers son département, un voyage triomphal ; le 3 août à Quimper, le 6 et le 7 à Brest, ce fut une foule enthousiaste qui le reçut [1]. Au même moment, le procureur-général de Paris, Bellart, voyageait en Bretagne ; à Lorient comme à Brest, les cris hostiles qui l'accueillirent l'obligèrent à se retirer sans tarder [2]. Le gouvernement s'émut de cette effervescence. Bourdeau fut chargé de parcourir les principales villes pour examiner sur place cette situation critique [3] : les mêmes troubles qui avaient marqué le séjour de Bellart éclatèrent sur son passage ; son voyage à Brest, à Morlaix, ne fut qu'un incessant charivari [4].

Durant toute cette agitation, le ton de *L'Echo de l'Ouest* était devenu plus agressif ; il avait essayé de donner à ces événements le plus de retentissement possible ; mais il s'était heurté à l'opposition journalière des censeurs.

Le journal intitulé *L'Echo de l'Ouest*, qui est soumis à notre examen, semble, depuis l'arrivée d'un nouveau rédacteur, avoir redoublé de malveillance et ne vouloir plus reconnaître aucune règle ni aucune mesure. Nous avons vraiment à lutter contre le génie du mal. Mépris de la religion, mépris de l'autorité, dénigrement des personnes qui l'exercent, attaque contre la réputation des particuliers, esprit de révolte et de sédition qu'on tâche d'entretenir ou de faire naître dans les lecteurs, attaque contre la personne des souverains étrangers et principalement contre le roi d'Angleterre, voilà ce que présente la majorité des articles des derniers numéros et ce qui explique les nombreuses ratures que nous avons été obligés de faire et qui réduisent le journal à n'être presque plus qu'une missive en

---

1. Rapports du 4 août et du 9 août, id. Cf. Dulaure et Auguis, *Histoire de la Révolution française depuis 1814 jusqu'à 1830*, Paris, 1834-1838, 8 vol. in-8° (Bibl. nat., La[33], 8), t. VII, p. 360.

2. Rapport du 7 août, Arch. nat., BB[30] 238.

3. Sur cette mission de Bourdeau, cf. une note dans le *Moniteur*, n° du 25 juillet 1820.

4. Rapport du 18 août, Arch. nat., BB[30] 238. Sur tous ces faits, cf. un article dans le *Moniteur* du 28 août 1820 ; cet article est composé d'après les rapports du procureur ; on en trouvera le brouillon dans le carton cité des Archives. Cf. également les nos du 31 août et du 7 septembre du *Moniteur* et le *Journal du général Fantin des Odoards*, Paris, 1895, in-8°, p. 407.

papier blanc parsemé de points. Nous avions d'abord refusé d'insérer entre autres un long article où l'on prétendait prouver l'inconstitutionnalité de l'ordonnance du 5 juillet sur les Ecoles de droit et de médecine, et ensuite une complainte des habitants des Côtes-du-Nord à M. de Saint-Aignan, où l'on avait moins pour objet de faire l'éloge de ce préfet que d'inspirer de la haine contre le Gouvernement qui lui avait donné un successeur. Mais ce qui a surtout aigri le journaliste, c'est le refus de laisser paraître de prétendues nouvelles de Bretagne, où il rendait compte de l'entrée triomphante des députés du côté gauche dans leurs départements respectifs et dans les villes où ils ont leur domicile. Ces nouvelles écrites dans l'esprit le plus séditieux n'ayant pu être répandues par la voie du journal, l'auteur les a fait imprimer dans un pamphlet calomnieux, intitulé, je crois, *Les Censeurs de L'Echo de l'Ouest appréciés d'après leurs actes* [1]. Cet ouvrage, où il a osé mettre son nom, a été saisi par la police qui a fait tout ce qui dépendait d'elle pour en empêcher la publication.

Voilà, Messieurs, ce qu'est aujourd'hui le journal que nous censurons et la manière dont les rédacteurs se vengent de notre persévérance à nous opposer au mal qu'ils ont l'intention de faire. Au reste, ni la calomnie ni les menaces ne nous empêcheront de poursuivre notre carrière et de répondre, autant qu'il sera en nous, à la confiance qu'on nous a témoignée en nous chargeant d'une fonction, pénible il est vrai, mais où nous sommes encouragés et soutenus par la certitude de coopérer au bien que l'on se propose de faire en réprimant les complots des méchants [2].

Les rigueurs de la censure n'avaient pas découragé le rédacteur de *L'Echo de l'Ouest*. Tout en échappant aux poursuites judiciaires, il persistait dans sa résistance opiniâtre. Le rapport de septembre montre, dans cette lutte journalière, les obstacles opposés par la Commission, les difficultés suscitées par l'administration préfectorale pour réduire au silence la feuille libérale.

Depuis le dernier rapport que nous avons eu l'honneur de vous adresser, nous avons été obligés de refuser ou de supprimer journellement un grand nombre d'articles, ce qui devait nécessairement avoir

1. Sur la saisie de cette brochure, cf. rapport du 10 août, Arch. nat., BB^{30} 238.
2. Rapport du 15 août 1820.

lieu puisque le journal que nous examinons est toujours rédigé dans le même esprit et avec les mêmes intentions. Mais il s'est élevé entre l'éditeur et nous une question que nous soumettons à votre examen.....

M. le Préfet de ce département s'étant plaint avec raison de l'inexactitude et même de la fausseté de certains articles où l'on rendait compte de ses actes administratifs, où, dans les intentions les plus coupables, on lui attribuait des actions qu'il n'avait point faites, témoigna le désir que l'on soumît à sa vérification tous les articles concernant son administration et qu'ils ne fussent approuvés par les censeurs qu'autant qu'il en aurait reconnu l'exactitude.

Nous crûmes que le moyen le plus facile de satisfaire à cette demande si juste était de n'approuver les articles de cette espèce qu'avec cette condition qu'avant l'impression, *ils seraient soumis* à M. le Préfet pour la vérification des faits. Mais le journaliste a refusé de se conformer à cette mesure......

Nous vous soumettons... l'extrait des réponses que nous lui avons faites et qui sont restées sans réplique......

Observations adressées a l'éditeur de « L'Echo de l'Ouest »

Lorsqu'une personne avance un fait, elle est obligée de dire sur quel témoignage elle se fonde. Ce n'est pas à moi à chercher la preuve de ce fait ; c'est à elle à me la fournir. Ceci peut être regardé comme un axiome en toute bonne justice......

Voyez maintenant si vous avez raison de dire aux censeurs : « J'avance ce fait ; je ne veux pas en administrer la preuve ; cherchez-« là où vous pourrez la trouver. »

Les censeurs jugent de l'esprit dans lequel un article est rédigé. Ils examinent s'il ne contient rien de contraire au respect dû à la religion, au Roi, aux bonnes mœurs, etc... Mais comme ils ne peuvent se trouver partout à la fois et être instruits de tout ce qui se passe, lorsque vous rapportez un fait, ils ont le droit, et c'est pour eux un devoir, de vous en demander la garantie...

Il ne vous reste donc que le choix ou d'administrer les preuves aux censeurs avant le permis d'imprimer, permis que vous ne pouvez espérer obtenir qu'à cette condition, ou d'adopter la mesure bien plus facile et bien plus favorable que nous vous avons proposée [1].....

1. Rapport du 20 septembre 1820.

Malgré ces conflits incessants, la fin de la période électorale apaisa pour quelque temps l'effervescence bretonne. Presque partout d'ailleurs l'action des Commissions de censure avait arrêté le développement de la presse départementale. C'était vers les sociétés secrètes, les affiliations clandestines que se tournaient les efforts des libéraux. La nouvelle de la révolution qui, au mois de mars 1821, éclata dans le royaume de Sardaigne, la répercussion qu'elle eut dans les contrées dauphinoises, vinrent ranimer à Rennes, qui correspondait avec Grenoble par l'entremise des Ecoles de droit, l'exaltation du mois d'août. *L'Echo de l'Ouest* reprit son allure agressive, ses violentes polémiques, ses débats quotidiens avec la Commission.

Comme le journal que nous examinons continuait à être rédigé dans le même esprit et avec les mêmes intentions et que nous avions toujours les mêmes précautions à prendre et les mêmes soins à employer pour prévenir ses écarts et empêcher tout le mal qu'il aurait bien voulu faire, nous n'avons pas cru devoir multiplier auprès de vous des rapports qui n'auraient contenu que des redites et n'auraient été que la répétition de ce que nous avions déjà eu l'honneur de vous exposer plusieurs fois. Mais aujourd'hui nous ne pouvons pas vous dissimuler que notre tâche est devenue beaucoup plus pénible et que nous l'exerçons au milieu de dangers personnels dont nos ennemis eux-mêmes ont pris soin de nous faire connaître toute l'étendue.

Depuis les révolutions d'Italie, et surtout depuis celle du Piémont, l'audace du parti s'était singulièrement accrue. On assure que des projets sinistres avaient été formés dans notre ville et les discours des révolutionnaires nous persuadent qu'ils ne les ont point encore abandonnés. On devait, dit-on, arborer le drapeau tricolore. Cette inauguration aurait été accompagnée de meurtres et de pillage et l'on désignait nominativement les censeurs de *L'Echo de l'Ouest* comme devant être du nombre des victimes. Les dernières nouvelles d'Italie et le bon esprit qui règne parmi les troupes de notre garnison ont déconcerté les factieux ; ils ont ajourné leurs projets ; mais, en attendant qu'on les ait réduits à renoncer à tout espoir de succès, nous employons et nous emploierons la surveillance la plus rigoureuse pour que *L'Echo de l'Ouest* ne seconde pas leurs desseins.

Le rédacteur a mis ou voulu mettre en usage trois moyens principaux pour égarer l'opinion publique : le compte faux et inexact des séances de la Chambre des députés, le débit de fausses nouvelles, la suppression des nouvelles véritables et des pièces officielles qui auraient pu éclairer les lecteurs du parti et leur inspirer une crainte salutaire.

Dans le compte-rendu des séances de la Chambre des députés, nous avons constamment remarqué l'affectation de travestir tous les discours des royalistes, de manière à les faire paraître ridicules, tandis qu'on rapportait fidèlement, et même souvent avec des additions, tout ce qu'avaient dit les libéraux. C'est *Le Moniteur* à la main que nous avons corrigé cette partie du journal, et nous avons supprimé tout ce qui a été reconnu faux ou inexact.

Nous n'avons permis l'insertion des nouvelles de quelque importance qu'autant qu'elles étaient ou attestées officiellement ou fondées sur les meilleures garanties.

Quant à la non insertion des pièces officielles et des nouvelles qui contrariaient les intentions du parti, nous n'avons pu y trouver remède, la loi nous permettant d'effacer, mais ne nous autorisant pas à obliger le rédacteur à les insérer dans son journal.

Quoiqu'il en soit, l'éditeur, irrité des nombreuses ratures qu'avaient subies ses derniers numéros, est venu, jeudi 29 mars dernier, chez l'un de nous, s'est répandu en plaintes amères, a annoncé qu'il allait présenter à la Chambre une pétition qu'il disposerait de manière à exciter un grand scandale, s'est permis en outre des injures mêlées d'imprécations et a fini par proférer des menaces meurtrières dans lesquelles il annonçait que *leur tour viendrait* et qu'alors nous paierions cher l'abus que nous faisions aujourd'hui du pouvoir qui nous était confié.

Ces menaces, Messieurs, ne nous empêcheront pas d'exercer nos fonctions avec confiance et fermeté. Aucun ressentiment personnel, aucun motif de crainte ne nous rendront ni plus ni moins sévères dans nos examens. N'ayant en vue que la cause de la religion et de la monarchie légitime, nous continuerons de faire tout ce qui dépendra de nous pour la favoriser, et, sans nous inquiéter de ce qui pourra nous arriver à nous-mêmes, nous ne penserons qu'à remplir nos devoirs et à justifier ainsi la confiance de ceux qui nous ont choisis pour résister aux complots des méchants [1].

Les efforts de la Commission ne furent pas inutiles. *L'Echo de l'Ouest* ne parvint pas à entraîner la garnison ni la population de Rennes. « Il faut avoir vu ce pays il y a un an et le voir aujour-

1. Rapport du 2 avril 1821.

d'hui, écrivait en août le procureur-général, pour juger les immenses progrès qu'a fait l'ordre et la stabilité... Les discussions de la Chambre des députés, si avidement accueillies les précédentes années, n'ont produit en 1821 presque aucun effet sur l'opinion publique [1]. »

Loire-Inférieure.

L'opinion publique suivait à Nantes et dans la Loire-Inférieure le même développement qu'à Rennes et à Brest. Grâce à la classe commerçante, les idées libérales y avaient acquis une sorte de prépondérance qui devait en faire un des centres de la résistance [2]. Nantes avait été la première en Bretagne à fonder ces ligues occultes d'affiliations fédératives, en reconstituant une association formée pendant les Cent-Jours [3]. Toutefois, au mois de juin, elle avait été plus lente à s'ébranler que Rennes ou Brest. Les troubles n'éclatèrent que le 14 et, pendant quatre jours, ce furent les mêmes cris de : Vive la Charte ! Vive la Constitution [4] !

Ce ne fut qu'après ces manifestations que le gouvernement, inquiet des menées révolutionnaires en Bretagne, songea à organiser la censure à Nantes. Elle avait été, jusque-là, provisoirement exercée par le préfet. Trois censeurs furent nommés vers le milieu du mois de juillet : MM. Jegou, professeur au collège royal, Dufay de Livoys, homme de lettres, et Guillet, bibliothécaire. Le journal libéral nantais, *L'Ami de la Charte*, publié par Victor Mangin depuis 1819, n'avait pas atteint l'importance de *L'Echo de l'Ouest* [5]. Il était cependant rédigé avec une certaine fermeté et les censeurs trouvèrent, dans ses colonnes, matière à des retranchements quotidiens.

---

1. Rapport du 6 août 1821, Arch. nat., BB[30] 238.
2. Rapport du procureur-général de Rennes, 27 août 1820, Arch. nat., BB[30] 238.
3. Rapport du 19 juin, *id.*
4. Rapports des 14, 16, 19, 23 juin, *id.*
5. Cf. Félix Libaudière, *La presse à Nantes sous la Restauration et les Mangin*, dans les *Annales de la Société académique de Nantes*, 8e série, t. III, 1902, p. 152-167.

Les rapports de la Commission de Nantes complètent utilement les rapports de Rennes. Ils montrent, par des citations précises, dans quel esprit s'exerçait cette censure minutieuse et, par le détail de ses opérations pratiques, on aperçoit les obstacles que les rédacteurs avaient chaque jour à surmonter. Vers le 20 juillet en effet, les censeurs adressèrent au Conseil de surveillance, au lieu d'un rapport abrégé, la copie des articles retranchés par eux avec, en marge, la raison de ces suppressions. Un des membres du Conseil, Ollivier, fut chargé de résumer ces articles et de fournir un aperçu des travaux de la Commission nantaise. Quelques jours après, il communiqua le rapport suivant :

... Je ne sais si la Commission de censure de Nantes a cru apercevoir une nuance entre les devoirs prescrits à la Commission de Paris et ceux prescrits aux Commissions départementales ; mais, au lieu de rendre un compte raisonné de ses décisions, elle a rendu un compte littéral de toutes ses opérations... Ce scrupule dans les formes paraît avoir été porté dans ses décisions. La Commission ne désigne ni par des qualifications ni même par leurs titres les journaux sur lesquels elle a exercé la censure. Elle proscrit avec la même sévérité tout ce qui peut fournir un aliment à l'esprit de parti, blesser le respect dû aux lois, altérer la confiance, entretenir les divisions ou répandre des alarmes.

Après avoir rejeté... des insinuations contre les ministres de la religion et leurs adhérents [1], — des assertions alarmantes sur l'état du

1. Il s'agit d'un article du journal libéral *L'Ami de la Charte* (cf. le rapport du 27 juillet) sur le Tartuffe de Molière. L'auteur avait écrit :

« Il y a quelques années qu'un célèbre critique, en parlant du Tartuffe, disait « qu'on ne rencontrait plus dans la société de Tartuffe de religion. Je conviens « qu'à cette époque la religion n'avait pas à gémir de l'hypocrisie des hommes, « parce qu'elle n'était pas alors le moyen d'avancer leurs affaires. Mais je ne « sais si le même critique, s'il vivait encore, pourrait tenir aujourd'hui le même « langage. Nous avons été témoins de plusieurs scènes qui ont dû nous faire « apprécier la vérité des couleurs du peintre inimitable à qui nous devons le « chef-d'œuvre, comme on l'a dit, de l'esprit humain. N'avons-nous pas vu « groupés autour des Missionnaires des hommes dont les mœurs n'étaient pas « exemptes de reproches ? Mais le repentir les avait conduits aux pieds des R. P. « de la foi, etc., etc... »

La Commission de censure écrit en marge :

« On a demandé la suppression de la partie de cet article où l'auteur, refusant commerce [1], — de cyniques obscènités [2], — des déclamations séditieuses au sujet des prétendues préférences accordées par la nouvelle loi des élections aux grands propriétaires sur les commerçants et les manufacturiers, — des louanges et des critiques également immodérées à l'égard des orateurs de la Chambre professant des opinions opposées dans la discussion de la même loi [3], — des relations hasardées et des

« aux autres la tolérance à laquelle il prétend sans doute pour lui-même, cherche « à fournir un aliment à l'impiété, en calomniant tout ce qui a trait à une reli- « gion qui ne peut convenir à l'anarchie parce qu'elle proscrit l'obéissance aux « lois, l'amour de l'ordre, qu'elle fait rendre à César ce qui est à César, à Dieu « ce qui est à Dieu, et place tous les devoirs sociaux dans l'amour du prochain, « ce qui est incompatible avec les vues des fauteurs de troubles civils. — La « suppression indiquée n'a pas été consentie par l'auteur et l'article entier a été « rejeté. »

1. Dans une discussion du projet de loi sur les élections, le journaliste, après avoir critiqué les « sophismes ministériels », avait ajouté :

« Mais les faits parlent plus haut que tous les orateurs ; le commerce a les « yeux fixés sur la délibération ; il est inquiet parce que la confiance est altérée, « parce que des négociants, des banquiers et des manufacturiers célèbres « décorent l'opposition, etc., etc... »

La Commission écrit en marge :

« L'inconvenance et la grossièreté ont paru le moindre défaut de cette tirade. « L'esprit de parti l'a dictée, dans l'intention sans doute d'échauffer la jeunesse « inexpérimentée pour qui les mots *liberté*, *philantropie*, *équité* sont toujours des « mots d'enchantement parce qu'elle n'observe pas de quelle bouche ils sortent « ni dans quelle vue ils sont employés. — Les considérations tirées de l'état du « commerce sont fausses de tous points et ont pour effet d'alarmer et d'agiter « la classe ouvrière qui, dans une place comme Nantes, attache le sort de sa « famille aux résultats des spéculations commerciales. »

2. Il s'agit d'une pièce de vers, destinée toujours à *L'Ami de la Charte*, intitulée *La Dame aux pendus* et terminée par ces mots :

« Je conçois, lui répond Tranval,
« Votre empressement et la joie
« Qu'à voir périr un libéral
« Votre âme en ce moment déploie ;
« Mais vous pourriez encore goûter plus de plaisir
« (Chacun connaît votre marotte) :
« On vous verrait bien mieux courir
« Si l'on pendait tout *Sans culotte* »

La Commission met en note :

« Cet article a été rejeté comme voilant une grossièreté obscène et comme « rappelant le cynisme et le ton de 1793. »

3. Voici quelques notes de la Commission mises en marges de nombreux articles sur le projet de loi électorale :

Au sujet d'un article où l'auteur discutait les avantages concédés par ce projet aux grands propriétaires, la Commission écrit :

« L'auteur estimable de cet article, égaré par son intention, n'a pas senti qu'il réflexions insidieuses sur les derniers troubles de Paris, elle a refusé la publicité à la relation d'un service funèbre célébré dans la Vendée à la mémoire de Mgr le duc de Berry, comme pouvant fournir prétexte à supposer l'existence d'une corporation illégale, et aux explications d'une poésie allégorique qui désigne la personne sacrée du Roi sous les traits d'*Apollon vainqueur*.

Elle n'a même pas fait grâce à une dissertation pleine de sagesse et de mesure sur l'égalité et la liberté politique sur cet unique motif qu'elle pourrait fournir matière à des discussions polémiques dont les ennemis de l'ordre sauraient tirer avantage...

Je dois ajouter que les journalistes de Nantes se soumettent avec une docilité louable aux décisions de la Commission puisque celle-ci ne se plaint d'aucune infraction......

Pour compléter les renseignements fournis par les extraits précédents, le Conseil de surveillance demanda à la Commission de Nantes un rapport plus général sur la situation de la presse dans la Loire-Inférieure.

... Nous avons l'honneur de vous faire connaître qu'il existe à Nantes deux journaux politiques :

L'un intitulé *Journal de Nantes et de la Loire-Inférieure*, éditeur-responsable, M. Mellinet-Malassis ; l'autre sous le titre de *L'Ami de la Charte*, éditeur-responsable, MM. Mangin, père et fils.

L'éditeur du premier est chargé des impressions de la Préfecture, de la Mairie, du Clergé et, dans la rédaction de son journal, il se montre jaloux de mériter leur confiance.

« donnait, dans plusieurs passages, matière à une discussion polémique dont les « ennemis de l'ordre auraient tiré un grand avantage. La Commission l'a fait « inviter à se concerter avec elle pour faire des changements ; il ne s'est pas « présenté et l'article n'a pas été publié. »

« Outre l'indécente partialité dont l'auteur de cet article tire vanité comme « champion du côté gauche, on a cru voir qu'il avait en vue de décrier les « résultats de la loi, au cas qu'elle passât ; de réserver ainsi des armes à la mal- « veillance dans un avenir prochain ; et surtout d'animer la classe manufac- « turière et commerçante contre les propriétaires. La dernière phrase est un « véritable cri de sédition qui aurait suffi seul pour faire rejeter l'article. »

Voici cette dernière phrase :

« ... Pour que notre belle patrie soit heureuse et florissante, il faut que le « commerce, l'industrie et l'agriculture soient également représentés à la Chambre « basse. Les bons citoyens doivent donc réunir leurs efforts pour repousser toute « loi qui tendrait à faire une exclusion ou même à accorder une prérogative. »

MM. Mangin, éditeurs de *L'Ami de la Charte*, ont cru devoir appuyer le succès de leur journal sur les opinions prétendues libérales. Aussi puisent-ils dans les journaux de cette couleur tout ce qui peut flatter leurs lecteurs et entretenir l'effervescence. Enthousiastes du côté gauche, ils ne voient point de vrais Français ailleurs ; et s'imaginant que la licence des journaux doit surpasser celle de la tribune, ils soumettent fréquemment à la censure des articles que la Commission est forcée de supprimer en tout ou partie, dans l'intérêt de la tranquillité publique [1].

Du reste, Messieurs, nous n'avons aucun reproche à faire aux journalistes de Nantes pour opposition à la censure ; tous se conforment à nos décisions [2]...

Comme le reste de la Bretagne, Nantes avait eu, en août, ses charivaris et ses sérénades. Le 7, on avait fêté Villemain, le 8, Legraverend [3]. La Commission de censure avait dû redoubler de vigilance pour effacer toute annonce de ces manifestations dangereuses.

Nous nous référons à notre rapport du 27 juillet dernier sur l'esprit qui domine dans les deux journaux de notre département.

Nous avons cru devoir supprimer dans *L'Ami de la Charte*... de nombreux articles sur les triomphes décernés en Bretagne à des députés du côté gauche et sur les charivaris donnés aux députés du côté droit et du centre.

Nous avons montré la même sévérité pour tous les articles qui nous ont paru rédigés dans l'intention d'entretenir l'effervescence.

Au reste nous n'avons éprouvé de la part des parties intéressées aucune résistance à la censure [4]...

... Depuis notre dernier rapport, nous trouvons toujours la même docilité dans les éditeurs des journaux. Celui de *L'Ami de la Charte*

---

1. Cf. une brochure qui contient plusieurs articles supprimés de *L'Ami de la Charte : Aviso politique de Nantes ou coup d'œil général sur l'état actuel des affaires*, Nantes, 1820, in-8°, 16 p. (Bibl. nat., Lb[48], 3172), notamment p. 13-16, *La censure à Nantes*.
2. Rapport du 27 juillet 1820.
3. Rapport du 9 août 1820, Arch. nat., BB[30] 238.
4. Rapport du 25 septembre 1820.

conserve toujours au même degré les couleurs de son parti et se montre plus que jamais dévoué au côté gauche [1]...

En octobre, le passage de Benjamin Constant à Saumur, les manifestations hostiles qui l'accueillirent et le commencement d'émeute qui s'ensuivit avaient provoqué dans la région des troubles assez sérieux [2]. Le mouvement avait gagné Nantes où les libéraux, une fois encore, avaient tenté de renouveler les tumultes de Rennes et de Brest. En janvier 1821 seulement, cette inquiétude générale s'était dissipée. C'est à cette agitation confuse que font allusion les censeurs dans un rapport du 14 janvier.

... L'effervescence dont le passage de quelques membres de la Chambre avait donné le signal s'étant amortie par la mesure que nous avions adoptée de supprimer également tout ce qui avait rapport aux triomphes et aux charivaris, le journal intitulé *L'Ami de la Charte*... a fait effort pour soutenir l'esprit des hommes d'une certaine couleur. Nous avons fait justice de tout ce qui pouvait aigrir les citoyens les uns contre les autres ou diminuer le respect et la confiance dûs au gouvernement [3]...

La résistance des libéraux fut ici plus vite brisée qu'à Rennes. Dès le mois de mars, un rapport laconique des censeurs signalait, dans la rédaction de *L'Ami de la Charte*, un fléchissement qui marque toute la lassitude des journalistes :

... Nous croyons... devoir observer que, depuis quelque temps, les éditeurs de *L'Ami de la Charte* mettent plus de réserve dans la rédaction de leurs articles particuliers [4].

---

1. Rapport du 19 novembre 1820.
2. Sur les troubles de Saumur, cf. divers documents dans les rapports du procureur-général d'Angers, octobre-novembre 1820, février 1821, Arch. nat., BB[30] 237. Cf. Duvergier de Hauranne, *Histoire du gouv. parlement.*, t. VI, p. 56-58.
3. Rapport du 14 janvier 1821.
4. Rapport du 18 mars 1821. Cf. le rapport du 18 juillet 1821, conçu dans les mêmes termes.

Il semble qu'en Bretagne l'action des Commissions de censure ait été singulièrement efficace. Cette surveillance perpétuelle, ces chicanes minutieuses et journalières finirent par énerver des forces vigoureuses mais à peine organisées. C'est ce qui peut expliquer le rôle secondaire joué par les départements bretons dans le mouvement de complots révolutionnaires en 1821 ; les centres de résistance se sont déplacés vers des régions moins atteintes par le régime de censure.

Gironde.

Après les régions plus paisibles de la Vendée et de la Saintonge [1], l'agitation libérale trouvait un dernier centre, pour cette zone de l'ouest, dans la Gironde autour de Bordeaux. Mais les forces politiques s'équilibraient ici mieux qu'en Bretagne ; les libéraux se heurtaient à des groupements royalistes organisés et cohérents [2]. La situation de Bordeaux présentait ainsi quelque analogie avec celle de Caen. Elle s'en distinguait cependant par un ton moins agressif, une ardeur moins passionnée, une certaine mesure dans la polémique et dans l'action [3]. Les partis en outre, au lieu de se scinder en masses tranchées, étaient séparés par une variété de nuances que la presse exprimait nettement. Les journaux locaux avaient pris, depuis 1819, un développement remarquable. Le seul quotidien avait été jusque là *Le Mémorial bordelais*, royaliste gouvernemental, dont l'indécision reflétait les oscillations incertaines de la politique modérée. Vers le milieu de 1819, les ultras, nombreux à Bordeaux, avaient senti, comme à Caen, la nécessité d'un organe plus ferme. Aug. Soulié, l'un des rédacteurs du *Mémorial*, avait consenti à s'en détacher pour fonder avec un certain Géraud une feuille, *La Ruche d'Aquitaine*,

---

1. *La Gazette de France* du 10 mai 1821 cite le *Journal des Deux-Sèvres*.
2. Cf. R. Dupuch, *Le parti libéral à Bordeaux et dans la Gironde sous la deuxième Restauration*, dans la *Revue philomatique de Bordeaux et du Sud-Ouest*, t. V, 1902.
3. Rapport du procureur-général, 17 juin 1820, Arch. nat., BB[30] 237.

inspirée par *La Quotidienne* ou *Le Drapeau blanc* de Paris [1]. L'entreprise avait réussi et *La Ruche* s'était répandue dans les départements du sud-ouest. Les groupes libéraux se trouvaient également représentés par deux journaux : *L'Indicateur* et *La Tribune de la Gironde*. *L'Indicateur* s'en tenait aux idées doctrinaires du centre gauche, tandis que *La Tribune*, rédigée par les deux chefs les plus en vue du parti libéral bordelais, Mallia-Garat et Henri Fonfrède, adoptait une attitude plus révolutionnaire.

C'est contre *La Tribune* que se dirigèrent tout d'abord les efforts de la censure, que la préfecture exerçait provisoirement avant la réunion de la Commission. Depuis la discussion des lois d'exception, *La Tribune* avait essayé, par une polémique violente, d'entretenir à Bordeaux une agitation continuelle. Deux articles d'Henri Fonfrède avaient soulevé l'indignation des ultras : il y dénonçait la conduite des royalistes le 12 mars 1814, jour où ils avaient ouvert leurs portes à l'armée des alliés et des Bourbons. La municipalité s'était cru visée ; elle avait porté plainte pour injure et diffamation, et Fonfrède et l'éditeur responsable Pujos avaient été renvoyés devant les assises [2].

L'acharnement de la censure eut raison du journal révolutionnaire. Vers le 10 avril, il annonça que, devant les suppressions quotidiennes, il suspendait sa publication : « Un moment viendra « sans doute, écrivait-il, où le régime constitutionnel fera dispa- « raître les lois d'exception, et quand la liberté de la presse nous « sera rendue, nous reprendrons le cours de nos travaux désin- « téressés, si la victoire des doctrines libérales est encore incer- « taine [3]. »

Cette disposition d'ailleurs n'apaisa pas l'effervescence. Les rédacteurs de *La Tribune* continuèrent après leur séparation leur campagne de résistance. Les poursuites intentées par la municipalité leur founissaient un prétexte favorable. Le procès

1. Cf. R. Dupuch, *art. cité*, p. 83.
2. Rapport du procureur-général, 11 juin 1820, Arch. nat., BB[30] 237.
3. Cité par *Le Constitutionnel*, 13 avril.

devait passer vers le milieu du mois de juin et les nouvelles des manifestations parisiennes vinrent accroître l'inquiétude. La cour d'assises se réunit le 17 ; on pouvait craindre des troubles et des bagarres. « Cette affaire, écrit le procureur-général, dans cette journée même du 17, agite beaucoup les esprits d'un certain parti. Mais toutes les précautions sont prises pour prévenir les désordres. Une force imposante entoure le palais où siège la cour d'assises ; les troupes de la garnison sont consignées dans leurs casernes et prêtes à se porter au premier signal partout où leur présence sera jugée nécessaire [1]. » Tout se passa sans incident : Fonfrède fut acquitté et Pujos condamné par défaut à un an de prison et 6.000 francs d'amende [2].

Depuis le 22 avril déjà, la Commission de censure était entrée en fonctions [3]. Les trois censeurs, Larouy, inspecteur d'académie, Pascal Bahan, avocat, Delisle-Séjourné, homme de lettres, avaient indiqué dès le début leur intention d'apporter une sévérité particulière à la surveillance des informations étrangères et surtout d'Espagne, que la presse bordelaise était la première à colporter en France ; il s'agissait de « rejeter tous les articles et toutes les expressions qui pourraient blesser les gouvernements étrangers, quels qu'ils fussent, ou porter atteinte aux égards qui leur sont dûs » et réduire, pour y parvenir, « à un simple récit de faits les nouvelles de ces contrées [4] ». Dans son premier rapport important, le 5 juillet, la Commission exposa la situation présente des journaux du département :

Dans notre précédent rapport, nous avions omis de vous faire connaître notre situation relativement à chacun des journaux qui paraissent dans cette ville.

---

1. Rapport du procureur-général, 17 juin 1820, Arch. nat., BB[30] 237.

2. Id., 18 juin. Cf. Merilhou, *Procès intenté par le Conseil municipal de Bordeaux à l'auteur de la Tribune de la Gironde, relativement à la journée du 12 mars 1814*, Périgueux, 1820, in-8°, 284 p. (Bibl. nat., Lb[48], 3208) et *Pièces justificatives dans le procès intenté au sieur F. Pujos, ex-éditeur de La Tribune de la Gironde*, Bordeaux, mars 1821, in-8°, 38 p. (Bibl. nat., Lb[48], 3263).

3. Rapport du 23 avril, pour demander des instructions.

4. Rapport du 12 juin.

Celui qui portait le titre de *La Tribune de la Gironde* avait cessé d'exister lorsque la Commission a été définitivement organisée ; il n'en avait même paru que deux ou trois numéros depuis la publication de la loi sur la censure. Il était ultra-libéral.

On reconnaît le même esprit dans *L'Indicateur*. Mais, quoique les intentions soient les mêmes, comme nous avons lieu de le croire, ce journal est beaucoup moins dangereux, soit parce qu'il est rédigé avec moins de talent, soit parce que les éditeurs ont beaucoup plus de circonspection et de déférence pour l'autorité...

Le Mémorial est rédigé dans un esprit de modération qui n'a jamais varié. Il diffère peu, quant au caractère, de *La Gazette de France*. *La Ruche d'Aquitaine* suit à peu près les traces du *Drapeau blanc* et de *La Quotidienne*.

Nous avons laissé à ces diverses feuilles la faculté de publier tous les articles extraits des journaux soumis à la censure. Cependant... nous sentons que..., selon les circonstances et les opinions locales, tel article qui ne pourrait produire aucun effet nuisible dans une contrée deviendrait dangereux dans une autre.

Mais, heureusement, la tranquillité qui règne dans ce département et l'esprit de stabilité qui le caractérise nous ont garantis jusqu'à présent de cet inconvénient. Néanmoins nous surveillons avec une attention plus particulière, les articles qui viennent des autres provinces et de l'étranger...

Nous avons résolu de réviser, sans exception, tous les articles extraits des journaux des départements, quoique censurés, et de ne souffrir l'insertion d'aucun de ceux qui annonceraient des troubles partiels, à moins que les journaux de Paris n'aient répété ces nouvelles. Vous pénétrerez aisément, Messieurs, les motifs de cette résolution...

Enfin, Messieurs, il paraît à Bordeaux un journal d'annonces et affiches, et un journal de sciences et d'art intitulé *Journal polymatique*. Ce dernier paraît tous les mois... Des nouvelles... de matières politiques peuvent se trouver traitées dans un article qui paraît purement littéraire. Nous ignorons si les mêmes matières ne se présenteront pas dans un autre journal dont on vient de publier les prospectus et qui s'annonce comme journal de littérature. Il ne sera pas quotidien et paraîtra par cahiers [1]......

1. Rapport du 5 juillet 1820.

Le procureur-général employait pour caractériser *L'Indicateur* des termes plus énergiques. « C'est, écrivait-il dans un rapport à Portalis, l'arsenal des doctrines antimonarchiques. Jusqu'au moment où la censure l'a forcé d'être plus circonspect, l'éditeur, le sieur Coudert, s'efforçait de recueillir soigneusement dans son informe compilation les articles les plus séditieux des journaux de la capitale. Cette feuille est à Bordeaux la trompette du parti révolutionnaire [1]. » Une fois *La Tribune* disparue, c'est à lui que s'en prit la censure. On crut l'atteindre également par des poursuites judiciaires ; on le déféra aux assises pour avoir publié l'avis relatif à la souscription nationale [2]. L'affaire était mince ; la Cour se contenta, le 8 avril, d'infliger une condamnation de 50 francs d'amende [3]. *L'Indicateur* d'ailleurs ne présentait pas l'esprit agressif de *La Tribune* ; il acceptait sans résistance les décisions de la censure.

Toutes les difficultés, pour la Commission, venaient de la feuille des ultras, *La Ruche d'Aquitaine*. Elle supportait difficilement ce régime de surveillance et marquait de plus en plus une hostilité manifeste. Dès le mois d'août, l'approche des élections fit éclater le conflit.

L'exercice de nos fonctions pendant le mois d'octobre dernier ne nous aurait fourni, comme durant le mois précédent, aucune observation digne de votre attention, si les éditeurs de *La Ruche d'Aquitaine* ne nous eussent forcés de recourir contre eux aux dispositions rigoureuses de la loi.

Déjà le 28 août, un article qui ne nous paraissait pas exempt de quelque blâme avait été inséré dans cette feuille sans nous avoir été préalablement soumis. Selon vos instructions, nous nous crûmes obligés d'en informer M. le Préfet par notre lettre du même jour.

M. le Préfet nous accusa réception de cette lettre, en nous annonçant qu'il allait en rendre compte à Son Excellence ; nous n'avons point su qu'il eût été donné suite à cette infraction à la loi.

---

1. Rapport du procureur-général, 11 juin 1820, Arch. nat., BB^{30} 237.
2. Id.
3. Cf. R. Dupuch, *art. cité*, p. 84.

Plusieurs autres contraventions ont suivi celle-là de la part des mêmes journalistes. Disposés à les attribuer à des erreurs commises dans les bureaux ou à l'imprimerie, nous voulûmes bien garder le silence ; ces articles étaient pour la plupart de peu d'importance.

Au moment des élections, nous avons pensé qu'il convenait de prévenir, par une attention plus scrupuleuse encore, les agitations qui s'étaient manifestées précédemment à de semblables époques et qui heureusement ne se sont pas renouvelées cette année. L'un des moyens les plus propres à atteindre ce but nous semblait être dans nos mains : il consistait à empêcher autant qu'il était possible la propagation des mauvais principes, à fermer la carrière des journaux aux intrigues des ennemis de la monarchie, et à ne leur fournir aucun prétexte d'y publier les noms de leurs candidats. Aussi, et à l'exemple de la censure de Paris, nous avions favorisé la publication de tous les articles propres à diriger les esprits vers de bons choix, mais en écartant les listes nominatives qui auraient autorisé les ennemis du trône à en publier de leur côté.

Le 25 octobre, les éditeurs de *La Ruche d'Aquitaine* nous présentèrent un article qui contenait une de ces listes, avec son commentaire, nous rejetâmes cet article qui, d'ailleurs, aurait exigé un grand nombre de coupures importantes. Il n'en fut pas moins inséré dans la feuille du lendemain et il encouragea le rédacteur de *L'Indicateur* à nous présenter aussitôt un article analogue dont nous avons empêché la publication dans ce journal.

Des rixes ont été la suite de cette insertion et ont causé quelque agitation dans les esprits.

Nous écrivîmes à M. le Préfet peu de jours après pour lui faire connaître cette infraction, en plus de celles qui l'ont accompagnée.

Nous attendions, Messieurs, pour vous rendre compte de cette affaire de pouvoir vous informer de ses suites. Mais n'ayant encore aucun renseignement à vous fournir à ce sujet, nous ne pensons pas devoir tarder plus longtemps à vous en informer.

Nous n'avons rien à ajouter, si ce n'est que, depuis ce temps, les éditeurs de ce journal continuent d'insérer beaucoup d'articles qui ne nous ont point été soumis [1].

Cette affaire de *La Ruche* ne tarda pas à prendre une importance imprévue ; elle occupa dés lors sans répit les séances de la Com-

1. Rapport du 20 novembre 1820.

mission [1]. Poursuivi en correctionnelle, le rédacteur principal, E. Géraud, prétendit que les articles incriminés lui avaient été renvoyés sans visa par les censeurs et qu'il avait ainsi considéré qu'ils étaient acceptés. Devant ce système de défense, la Commission riposta le 18 décembre, et l'on peut juger, par les termes de son rapport, à quelles difficultés se heurtait, dans ses procédés journaliers, l'application de la censure préalable :

...... Il paraît que l'éditeur de *La Ruche* essaie de se défendre par des allégations mensongères ; mais dont la vérification présentera au tribunal certaine difficulté. Il prétendra que le premier article dénoncé fut inséré un lundi sans approbation, parce qu'il n'avait pas trouvé la Commission réunie le dimanche. Il omet de dire que d'accord avec tous les rédacteurs et à la satisfaction particulière de celui de *La Ruche*, il avait été convenu que les articles du dimanche et du lundi seraient présentés le samedi pour la commodité de tous. Cela s'observe même encore aujourd'hui.

Au reste si cela n'eut pas été convenu ainsi, les rédacteurs auraient eu tout au plus le droit de se plaindre de la Commission, et non celui de violer la loi, surtout pour un article qui n'était pas urgent.

Sur les seconds articles, il fait mieux. Dans l'impuissance de rapporter notre approbation, il prétend que nous sommes dans l'usage constant de ne la point donner par écrit, qu'elle consiste dans la remise pure et simple de l'article approuvé et qu'il ne reste trace de notre examen que sur les articles modifiés ou rejetés.

C'est, Messieurs, tout le contraire. Il est défendu en termes exprès aux journalistes de publier aucun article s'il n'est revêtu de notre visa. C'eut été prendre la règle au rebours que de signer une décision de rejet et de rendre sans approbation les articles admis. Les journalistes ne se seraient assurément pas contentés d'une pareille garantie et nous ne leur eussions pas laissé la faculté de publier avec le droit d'alléguer une approbation verbale. C'était, au contraire, exécuter la loi à la lettre que de rendre purement et simplement les articles rejetés, d'apposer un visa sur ceux qui étaient admis et de viser de même ceux qui étaient modifiés, après avoir fait les ratures convenables. C'est précisément ce que nous avons toujours fait avec une grande exactitude.

---

1. On peut suivre le détail de cette affaire dans une lettre du procureur-général à Portalis, du 4 août 1821, Arch. nat., BB[30] 208.

Le but de cette défense est peut-être celui-ci : l'éditeur ne peut prouver que nous avons rendu sans visa les articles admis. Il pense donc induire le tribunal à nous appeler en témoignage pour attester le fait contraire et donner lieu par là à un débat qui nous paraît peu convenable, puisque nous y ferions en quelque sorte le rôle de parties plaignantes. Nous pensons, Messieurs, qu'il serait hors de toute convenance de nous soumettre à toute assignation à cet égard. Mais nous vous prions de nous donner vos instructions à ce sujet, et sur la conduite que nous avons à tenir si quelque renseignement nous étaient demandés par écrit [1].

C'était en effet la comparution des censeurs que Géraud voulait obtenir ; il espérait, en les faisant citer à chaque poursuite, lasser les membres de la Commission. Le tribunal ne suivit pas l'éditeur de *La Ruche* et le condamna, à la fin de décembre, à un mois de prison et 200 francs d'amende.

Nous avons l'honneur de vous rendre compte du jugement qui a été rendu contre l'éditeur de *La Ruche d'Aquitaine*. Instruits que deux affaires du même genre ayant été poursuivies devant le tribunal correctionnel de Paris, les juges avaient cru pouvoir épargner aux prévenus la peine d'emprisonnement, nous avions espéré que celui de Bordeaux ne serait pas plus rigoureux ; nous vous apprenons avec regret que nous nous sommes trompés : le sieur Edmond Géraud a été condamné, le 23 du mois dernier, à l'emprisonnement pour un mois et à une amende de 200 francs.

Nous n'avons point été assignés en témoignage, et nous n'avons su d'autres particularités sur les débats, si ce n'est que le prévenu et son défenseur, ayant tenté de critiquer les actes de la Commission, ils ont été invités par le président à s'en abstenir.

Nous savons que le sieur Géraud a fait appel de ce jugement et qu'il revient au projet de nous appeler en témoignage ; nous nous référons à cet égard à notre précédente lettre. Il paraît que le sieur Géraud n'a jamais compris que la loi du 31 mars, faite pour la défense des bons principes, devait surtout être respectée par les royalistes jusqu'à ce qu'elle eût cessé d'être nécessaire et qu'elle pût être abrogée. Aigri par les entraves qu'il croyait prévoir, cette loi lui a causé de

1. Rapport du 18 décembre 1820.

l'impatience avant même de lui causer des contrariétés, et il n'a tenu aucun compte des facilités que la Commission se plaisait à lui donner ; vous pouvez bien penser, Messieurs, que cette aigreur s'est changée rapidement en irritation et en véritable ressentiment depuis le jugement du 23 décembre......

Nous n'avons à nous plaindre d'aucune contravention de la part des autres journalistes, mais la censure leur devient de jour en jour plus importune. *L'Indicateur* a pris depuis quelques jours un caractère plus hardi ; il cherche des occasions de nous surprendre, et nous pouvons juger, par certains articles qu'il nous présente, que le parti qu'il sert n'a pas perdu toute espérance. Nous prenons un soin particulier pour empêcher que, sous prétexte de donner des nouvelles d'Espagne, il ne publie certains écrits propres à propager les doctrines du libéralisme.

Quant au *Mémorial*, il est toujours modéré, mais son rédacteur est mécontent de trouver dans la Commission quelque résistance aux personnalités qu'il se permet contre l'éditeur de *La Ruche*. Nous avons cru convenable, en effet, de réprimer la lutte qui s'est élevée entre eux, du moins lorsqu'ils vont l'un ou l'autre jusqu'à la grossièreté ou au scandale. Ce mécontentement lui a fait tenter quelques ruses pour mettre la Commission en défaut. Nous avons eu même à nous plaindre d'une légère infidélité de la part du rédacteur, mais elle n'avait pas le caractère de la contravention, elle a d'ailleurs été réparée [1].

Géraud poursuivait sa lutte contre les censeurs. Devant la cour d'appel, il avait réclamé de nouveau et obtenu cette fois leur citation. Bien décidés à ne pas céder sur ce point, les membres de la Commission envoyèrent leur démission, qu'ils ne se décidèrent à retirer que sur les instances du préfet. L'exercice de la censure devenait d'ailleurs de plus en plus difficile. Les centres libéraux de l'Est, dans la région dauphinoise, s'agitaient ; un mouvement révolutionnaire venait d'éclater à Grenoble [2], le parti bordelais, calme jusque-là, menaçait à son tour.

Durant le mois dernier, les circonstances exigeaient plus d'exactitude encore et de soin dans l'exercice de la censure, cependant nous

---

1. Rapport du 2 janvier 1821.
2. Cf. p. 138.

avons eu bien moins à réprimer de dangereuses doctrines, qu'à prévenir la publication des fausses nouvelles. Nous les avons repoussées avec d'autant plus de sévérité que nous avions remarqué l'influence que durent avoir sur les événements arrivés à Grenoble, le 20 mars, celles qui avaient été insérées le même jour dans le *Journal libre de l'Isère*. Le rédacteur de *L'Indicateur* nous ayant présenté ce numéro, nous crûmes convenable de ne pas permettre qu'il répétât cet article. Nous avons écarté de même toutes les autres nouvelles qui, n'ayant point été publiées à Paris, ne nous paraissaient pas dignes d'ailleurs d'une entière confiance. En effet la plupart de celles que le même journaliste aurait voulu publier étaient controversées et ont été démenties. Au reste le bon ordre qui a constamment régné dans notre ville et dans tout ce département et le bon esprit qui y domine ont rendu notre tâche moins difficile.

L'appel interjeté par le sieur Géraud, éditeur de *La Ruche d'Aquitaine*, contre le jugement qui le condamne pour contravention à la loi de censure devait être porté devant la cour le 5 de ce mois. Nous avions reçu depuis longtemps de la part de ce journaliste, comme témoin à décharge, et en notre nom individuel, une citation à laquelle nous n'avions pas cru devoir déférer. Mais elle fut bientôt suivie d'une citation nouvelle donnée à la requête de M. le procureur-général et en nom qualifié.

Nous nous empressâmes d'en donner communication à M. le Préfet à qui chacun de nous remit aussi sa démission par écrit, en lui déclarant qu'obligé, pour cette fois, de déférer à un mandement émané de la justice, il était bien déterminé à ne pas subir ce désagrément à chaque contravention que les journalistes pouvaient commettre. M. le Préfet nous annonça qu'il allait en référer à Son Excellence en nous invitant à ne pas persister dans ces démissions, du moins dans le cas où nous serions dispensés de comparaître. Mais la veille du jour fixé pour l'audience, il voulut bien nous écrire pour nous prévenir que la cause serait appelée le lendemain pour être renvoyée et que M. le procureur-général, qui lui en donnait avis, ajoutait que nous pourrions nous dispenser de nous présenter à cette audience de renvoi. Nous avons su qu'en effet la cause avait été renvoyée au jour qui serait indiqué par de nouvelles citations, nous n'en avons point reçu et l'affaire est en suspens. Nous avons appris depuis que MM. les censeurs de Paris avaient été également cités dans la cause de l'éditeur du *Drapeau blanc* et qu'ils n'avaient pas comparu, mais nous ignorons si cette citation avait été donnée par le prévenu seul ou par le ministère public.

Il est arrivé quelquefois que, lorsque nous avons supprimé quelque passage dans le corps d'un article d'ailleurs approuvé, les journalistes se permettaient d'étendre cette suppression dans ses précédents ou dans ses suites en remplaçant le tout par des points ; procédé qui dénature souvent le sens des passages conservés. Il y bien là une véritable contravention à l'esprit de la loi ; mais suffirait-elle aux yeux des tribunaux pour déterminer une condamnation ? Nous avons cru devoir, Messieurs, vous soumettre ce doute, et nous abstenir jusqu'à votre réponse, quoique nous soyons convaincus du danger qui pourrait résulter des suppressions que les journalistes se permettraient après coup à des articles déjà visés [1].

Dans cette affaire de *La Ruche*, le préfet avait pris parti pour la Commission. Il avait montré au directeur de la police combien la démission des membres en exercice rendrait pénible le recrutement des censeurs [2]. Sur l'ordre du ministère, on s'était contenté d'ajourner le procès et de retirer la citation des censeurs.

Haute-Garonne.

Au sud de Bordeaux jusqu'à la ligne des Pyrénées, toute la région d'Aquitaine prenait peu de part à l'agitation. La vie politique s'éveillait à peine dans le Gers, les Landes et les départements limitrophes [3]. Il fallait descendre, pour trouver trace de presse locale, jusqu'aux contrées plus particularistes qui bordaient le pied des montagnes, le Béarn surtout. Un journal s'y rédigeait, *Le Mémorial béarnais* [4] ; mais il n'était pas encore parvenu à se dégager des formes anciennes et commençait seulement à suivre le mouvement qui, depuis 1819, transformait les feuilles d'annonces en feuilles politiques.

Toulouse restait, dans cette zone, l'unique centre d'influence et d'action. Mais l'écho des conflits parisiens n'avait pas suffi à

1. Rapport du 16 avril 1821.
2. Lettre du 16 mars 1821 au baron Mounier.
3. Rapports du procureur-général d'Agen, juin, 28 octobre, 30 novembre 1820, 4 février 1821, Arch. nat., BB[30] 237.
4. Cité par le *Journal de Paris*, 12 mai 1820.

inquiéter la population et les menées révolutionnaires avaient peu de prise sur elle [1]. Les royalistes eux-mêmes n'éprouvaient pas le besoin d'étouffer, par leur propagande, les rares germes libéraux qu'ils auraient pu distinguer. Le journal qu'ils avaient créé, *L'Ami du Roi, journal du Midi*, prit prétexte de la promulgation de la loi du 31 mars pour cesser sa publication. Lorsqu'on institua les Commissions de censure, l'on ne jugea même pas utile d'en former une à Toulouse. Seule, l'Ecole de droit portait ombrage ; elle fut surveillée et l'on y put saisir, à la fin du mois de juin, une proclamation factieuse [2].

L'étincelle, pour Toulouse, vint de l'étranger. Ce furent les incidents de la révolution d'Espagne au cours de l'année 1820 qui soulevèrent dans la région une effervescence politique. Les libéraux s'agitèrent, exagérèrent l'importance de ces événements, cherchèrent à répandre dans les campagnes une inquiétude favorable à leur propagande. Pour prévenir ces manœuvres et arrêter, dès leur entrée en France, les nouvelles espagnoles qui risquaient de se propager, l'établissement à Toulouse d'une Commission de censure parut nécessaire. Le 17 avril 1821, MM. L. A. Decampe, J. B. A. d'Aldegiera et Pujol furent nommés censeurs. Formée plus d'un an après le vote de la loi, la Commission crut devoir demander au Conseil de surveillance de préciser à nouveau le sens et la portée de ses attributions :

Ayant été nommés par arrêté de S. E. le Ministre Secrétaire d'Etat au département de l'Intérieur, du 17 avril 1821, membres de la Commission de censure de Toulouse, nous avons dû, dès les premiers jours où nous nous sommes réunis pour entrer en fonctions, nous occuper d'une question qui nous paraît assez importante pour qu'il soit de notre devoir de consulter à cet égard vos lumières et votre expérience.

Le compte-rendu par les journalistes des séances de la Chambre des députés doit-il être soumis à une censure préalable ? Ou plutôt,

---

1. Rapport du procureur-général de Toulouse, 24 juin 1820, Arch. nat., BB[30] 238.
2. Id.

pour ce qui nous concerne, avons-nous à nous occuper des articles de journaux imprimés dans notre département qui ne renfermeraient que ces comptes-rendus extraits des journaux de Paris ?......

Le *Journal politique et littéraire de Toulouse et de la Haute-Garonne*, que nous avons à censurer, compose ses articles *Chambre des députés* avec des fragments extraits des différents journaux de la capitale, en empruntant à chacun de ces journaux ce qui paraît le plus propre à alimenter la curiosité et souvent la malignité du public. Il nous paraît donc incontestable que, quelles que fussent la fidélité et l'authenticité des articles d'où l'on aurait détaché de pareils fragments, l'amalgame qui en résulte est une œuvre absolument nouvelle qui, suivant l'esprit dans lequel elle est conçue et dirigée, peut devenir sujette à de graves reproches, quoique les éléments dont elle se compose n'aient rien d'absolument répréhensible quand on les considère en particulier [1]......

Il convient d'observer que le journal dont il est question est fort répandu dans le département de la Haute-Garonne et dans les départements voisins, qu'on le lit avec avidité dans les petites communes des campagnes et que, parvenant dans des lieux où d'autres journaux sont absolument inconnus, il y porte des opinions toutes faites et peut contribuer puissamment à corrompre ou à améliorer l'esprit public [2]......

... L'opinion publique, excellente à Toulouse, appelait depuis longtemps la censure sur le *Journal politique et littéraire de Toulouse et de la Haute-Garonne*, très répandu non seulement dans ce département, mais même dans les départements voisins. La ville de Toulouse, par sa position, son importance et ses nombreux établissements publics, exerce une très grande influence sur les contrées populeuses qui l'avoisinent. De mauvaises doctrines politiques sortant de son sein pourraient faire un mal incalculable dans toutes ces contrées. La sage répression de la censure sur les journaux devenait donc plus nécessaire à Toulouse que partout ailleurs ; d'autant que, par une fatalité à laquelle on ne saurait assigner d'autre cause que l'amour

---

1. Voici la réponse du Conseil de surveillance : « Le Conseil a été d'avis que le droit de censure préalable existait comme la Commission le pensait, mais qu'il devait en être usé avec circonspection et en restant toujours pénétré de l'esprit de l'article 22 de la loi du 31 mars. » Procès-verbaux du Conseil, séance du 26 juin 1821.

2. Rapport du 8 mai 1821.

excessif de ses habitants pour la tranquillité et leur confiance bien louable mais peut-être trop entière dans la force des institutions monarchiques, les journaux sont livrés à des spéculateurs qui, sans mauvaises intentions politiques et mûs par le seul désir d'augmenter leur pécule par le nombre de leurs abonnés, observent toutes les nuances de l'opinion et cherchent à leur assortir la rédaction de leur journal. Ainsi, à de très bonnes doctrines qui conviennent au plus grand nombre, ils en associent souvent de pernicieuses qui plaisent à des hommes toujours de mauvaise humeur, même dans le plus grand bien-être social, ou à des mécontents dont les plus légers encouragements flattent les coupables espérances.

La révolution qui s'opère en Espagne est surtout un aliment pour les mécontents des départements méridionaux dont les frontières touchent à ce royaume. C'est sur cette révolution qu'ils fondent leur espoir. Les nouvelles les plus ridicules et les moins authentiques, lorsqu'elles s'accordent avec la disposition de leur esprit, les intéressent et flattent leur chimère. C'est ce qu'avaient parfaitement observé les rédacteurs du journal de Toulouse ; aussi, pendant les troubles de Naples et du Piémont et depuis la révolution qui s'est opérée en Espagne, ce journal avait acquis une très grande importance chez les partisans de ces révolutions, les rédacteurs ayant grand soin de les remplir de tout ce qui pouvait flatter leurs idées. Les séances de la Chambre des députés y étaient mutilées, les opinions anti-monarchiques y avaient une faveur remarquable, tandis que celles des défenseurs de la légitimité, de la morale et de la religion y étaient à peine consignées ou, si elles y paraissaient, ce n'était que par extraits, informes et dénaturées.

La Commission, aussitôt son entrée en fonctions, a cherché à remédier à ces abus dangereux ; elle a astreint le rédacteur à lui faire connaître les sources où il puise les nouvelles étrangères et elle a élagué toutes celles qui n'avaient aucun caractère d'authenticité ou qui pouvaient porter atteinte à la tranquillité et aux droits des souverains et des Gouvernements étrangers.

Elle a cru aussi devoir se montrer sévère sur l'article de la morale et de la religion ; et, en cela, elle ne fait que suivre l'impulsion de l'opinion publique à Toulouse. Mais sa sévérité n'a pas été poussée jusqu'à l'injustice et l'intolérance. En éloignant quelques déclamations injurieuses ou dérisoires contre la Religion du plus grand nombre, dont le but ne pouvait être douteux, elle a laissé subsister en entier les discussions où, présentant ses opinions avec sagesse et modération, on cherche à donner aux articles de la Charte sur la liberté des cultes toute l'extension dont ils sont raisonnablement susceptibles ; et en agissant avec cette modération, la Commission a cru suivre les intentions de l'auguste auteur de la Charte, qui a voulu qu'elle fût interprétée franchement et loyalement mais sagement, et dans l'intérêt d'une grande tolérance mais d'une sage liberté.

La Commission a cru devoir aussi remédier à la rédaction vicieuse des articles politiques et de discussions des Chambres. Elle n'a pas mis en doute le droit qu'avaient les rédacteurs de rendre avec impartialité et exactitude le texte de ces discussions, mais elle a cherché à rendre leur rédaction plus impartiale et, à côté du mal, à faire placer le remède. C'est surtout contre cette intention bien prononcée qu'elle a trouvé le plus d'opposition de la part des rédacteurs. Ils ont entassés sophismes sur sophismes ; ils ont cité des discours ministériels pour prouver à la Commission qu'ils devaient être parfaitement libres dans leur rédaction et que la plus légère restriction sur ce point serait une violation manifeste de la Charte. Il n'a pas été difficile à la Commission de repousser de pareilles allégations. Bien pénétrée de l'esprit de la Charte, elle a pensé que des mutilations d'opinions favorables à la légitimité, qui en ôtaient toute la force, toute l'énergie, et des agrégations de phrases éminemment emportées et factieuses extraites des opinions contraires, resserrées dans un petit cadre pour en augmenter la force et l'effet, ne pouvaient être tolérées dans des journaux qui, par leur propagation, pouvaient influer sur l'esprit public [1]......

Le réveil de l'esprit public à Toulouse dans cette crise de 1821 eut pour effet de faire renaître une presse royaliste de propagande. Cette renaissance, favorisée par la sévérité de la censure vis-à-vis du *Journal de la Haute-Garonne*, commença par la publication d'une petite feuille de caractère littéraire, *Le Furet* [2]. Elle paraissait une fois par semaine, mais sa médiocrité l'obligea de disparaître dès son second numéro, le 16 juillet. Beaucoup plus importante fut la création de *L'Echo du Midi*, que signalait la Commission dans son rapport du 3 août :

Notre dernier rapport, en vous faisant connaître l'esprit qui dirigeait notre travail, vous présentait aussi les obstacles que nous avions à vaincre pour amener le *Journal politique et littéraire de*

1. Rapport du 8 juin 1821.
2. Bibl. nat., Lc[11], 978.

la Haute-Garonne à ce degré de modération et de sagesse qui est le but de l'institution de la censure. Nous avons la satisfaction de vous annoncer aujourd'hui que ces obstacles ont été en grande partie surmontés et que, par la juste sévérité et l'impartialité que nous avons mises dans notre censure, nous avons amenés les rédacteurs de ce journal à ne presque rien nous présenter qui soit sujet à élimination......

A l'époque où fut rendue la loi sur la garantie des journaux politiques, il en existait deux de cette espèce à Toulouse. Celui qui s'intitulait *L'Ami du Roi, journal du Midi* cessa alors de paraître ; son bon esprit ne put le soutenir contre la faiblesse extrême de sa rédaction. Il vient de revivre aujourd'hui sous le nom d'*Echo du Midi*. Ce dernier journal semble avoir hérité des doctrines monarchiques et des bonnes intentions de son prédécesseur. Il n'en a encore été publié que peu de numéros qui nous ont paru rédigés dans le même esprit. Nous avons eu cependant à y reprendre quelques articles sur l'Espagne qui nous ont paru de nature à augmenter les défiances du gouvernement actuel de ce pays contre la France, s'il en existait déjà, et à en faire naître, s'il n'en existait pas.

Nous avons aussi élagué quelques phrases qui semblaient trop tenir à l'esprit de parti et faire naître des soupçons injustes et dangereux sur une classe nombreuse de bons Français qui ont servi leur patrie sous les gouvernements qui ont précédé celui du Roi, mais qui, depuis cette heureuse époque, ont coopéré avec le plus grand zèle à faire triompher la cause de la légitimité.

Il nous a paru enfin que les nouveaux rédacteurs n'étaient pas assez en garde contre la tendance qu'ont beaucoup d'écrivains périodiques vers les personnalités. Nous les avons éloignées avec soin du nouveau journal et nous espérons que notre persévérance à en agir ainsi déterminera ses rédacteurs à être plus circonspects à l'avenir......

On peut joindre à ces textes, pour achever de caractériser la presse toulousaine, une lettre confidentielle adressée, le 8 mars 1822, par le préfet au ministre de l'Intérieur. Elle montre l'antagonisme croissant de *L'Echo du Midi* et du *Journal politique et littéraire de Toulouse*, la persistance du sentiment politique, éveillé par la crise de 1821.

... Il ne me reste... qu'à vous donner des renseignements sur les journaux qui sont publiés au chef-lieu du département. Il y en a deux ; ni l'un ni l'autre ne sont imprimés par l'imprimeur de la préfecture ; ils n'ont point d'abonnements pris sur les fonds des communes.

L'un, intitulé *L'Echo du Midi*, paraît depuis un an avec l'autorisation du Gouvernement ; il est fortement dévoué à la cause de la légitimité, et, sous ce rapport, il serait à désirer qu'il fût le plus répandu ; mais, rédigé sans soin et sans activité, n'offrant rien qui pique la curiosité de ses lecteurs, il est à craindre qu'il ne puisse pas se soutenir et que ceux mêmes qui, en raison de ses bons principes, l'avaient accueilli dans le commencement avec bienveillance ne l'abandonnent bientôt.

L'autre, intitulé *Journal politique et littéraire de Toulouse et de la Haute-Garonne*, existe depuis très longtemps ; pour peu qu'on l'étudie, il est facile de reconnaître que, d'inclination, le rédacteur est porté à favoriser les opinions libérales ; mais, retenu par la crainte de perdre ses abonnés, parmi lesquels il compte un grand nombre de royalistes, il affecte de l'impartialité ; ainsi il compose son journal d'articles pris dans *Le Drapeau blanc*, dans *La Quotidienne*, dans *Le Constitutionnel*, etc... ; trop timide pour lever le masque, jamais il n'attaquera directement le Gouvernement, mais sans affectation, il accueillera tout ce qui peut lui nuire indirectement, et cette manœuvre peut le rendre dangereux dans les moments de crise ; ainsi, au mois de mars 1821, cette feuille annonçait toujours les victoires des Napolitains et des Piémontais sur les Autrichiens et la ruine complète de ceux-ci ; ainsi, rapportant, d'après *Le Constitutionnel*, les séances de la Chambre des députés, tout l'avantage des discussions, quel qu'en soit le résultat, paraît appartenir aux députés dont les opinions sont les plus opposées au système suivi par le Gouvernement. Du reste, la rédaction est assez soignée ; des correspondances étendues lui fournissent des matériaux qui ne sont pas sans intérêt et lui assurent, même parmi ceux qui ne partagent pas ses opinions, un beaucoup plus grand nombre d'abonnés que ne peut en obtenir son concurrent [1]...

Aveyron.

L'influence toulousaine ne dépassait pas au nord les confins du Massif central. Toute la contrée montagneuse restait étrangère au mouvement politique. Un seul journal, qui paraissait à Rodez

1. Arch. nat., F^7 6769.

deux fois par semaine, le *Journal de l'Aveyron*, se distinguait des feuilles d'annonces ordinaires. La Commission instituée à Rodez pour le surveiller (MM. Monseignat, Girard [1]), se contenta de rédiger un unique rapport le 23 juin 1820.

> En exécution de l'article 10 de l'ordonnance du Roi du 1er avril dernier, nous avons l'honneur de vous assurer que le rédacteur éditeur du seul journal qui s'imprime dans le département de l'Aveyron s'est en tous points conformé à la loi de censure et à nos décisions, qui n'ont porté sur aucun article dont il puisse être, sous aucun rapport, de quelque utilité de vous rendre compte [2]......

Hérault.

Le Bas-Languedoc n'offrait, dans son ensemble, aucune unité d'opinions : dans le nord, aux confins des Cévennes, régnaient une exaltation fiévreuse, une agitation entretenue par les haines sociales et religieuses ; dans le sud, au contraire, depuis l'Hérault jusqu'au Roussillon, c'étaient un calme et une apathie, analogues à l'indifférence des régions aquitaines en 1820. Nulle part, d'ailleurs, la presse n'avait acquis la moindre importance politique. Les feuilles locales ne manquaient point : le *Journal des Pyrénées-Orientales* [3], le *Journal du Gard* [4], le *Journal de Nîmes* [5] ; mais elles se limitaient toutes à l'information commerciale, aux faits-divers purement locaux. Seul, un journal de Montpellier, *Le Véridique*, pouvait prétendre au titre de politique. C'est pour le surveiller qu'une Commission de censure (MM. Trentignan et Benoît) fut établie dès le début du nouveau régime. L'unique rapport qu'elle adressa le 10 juin 1820 se borne à signaler ce manque d'activité qui caractérisait la presse languedocienne.

---

1. Le troisième nom est illisible.
2. Rapport du 23 juin 1820.
3. Cité dans *Le Constitutionnel*, 20 juin 1820.
4. Cité dans *Le Moniteur*, 5 août 1820.
5. Cité dans *Le Moniteur*, 30 juillet 1820.

Pour nous conformer à ce qui est prescrit par l'ordonnance de Sa Majesté..., nous avons l'honneur de vous rendre compte de nos opérations dans les fonctions dont nous sommes chargés. En le faisant, Messieurs, nous éprouvons une vive satisfaction puisque nous pouvons vous assurer que notre département est animé du meilleur esprit. Tout y respire la fidélité et le dévouement le plus absolu au gouvernement du Roi. Aucune trace d'esprit de parti ne se laisse apercevoir dans les journaux que nous avons été dans le cas d'examiner ; rien qui puisse blesser la morale ou la religion, porter atteinte aux mœurs ou conduire au mépris des lois [1]...

Une lettre du préfet au ministre de l'Intérieur, plus tardive, puisqu'elle date du 7 mars 1822, après la fin de ce régime de censure, donne sur *Le Véridique* quelques renseignements plus précis que ceux de la Commission :

... Quant aux journaux de mon département, il n'y en a que d'annonces et d'affiches [2]. *Le Véridique* seul est un journal politique. C'est le journal le plus insignifiant de France, et à l'époque qu'il pouvait gagner beaucoup en étant scandaleux, le propriétaire, par un sentiment que je loue, s'est refusé entièrement à ce moyen de succès. Je n'ai donc eu rien à faire à cet égard [3]...

Bouches-du-Rhône.

Les Bouches-du-Rhône figurent sur une liste dressée pour le Conseil de surveillance des départements possédant une Commission de censure [4]. La Commission marseillaise cependant ne fut jamais constituée ; l'absence de toute presse d'opposition la rendait inutile. Une seule feuille, officieuse et commerciale, *Le Journal de Marseille* [5], s'était répandue dans la région. Partout

1. Rapport du 10 juin 1820.
2. Entre autres, *Feuille d'affiches, annonces et avis divers de la ville de Montpellier*, paraissant deux fois par semaine, fondée en 1811 (Bibl. nat., Lc^{11}, 669).
3. Arch. nat., F^7 6769.
4. Cf. p. 71.
5. Cité par *La Renommée*, 1er mai 1820, *La Gazette de France*, 16 avril 1820.

en Provence, les ultras dominaient ou parvenaient, du moins, à étouffer toute agitation libérale [1]. « Ils affectent, écrivait un des chefs du petit groupe d'opposition locale, Alphonse Rabbe, de croire et de répéter que Marseille ne peut avoir et qu'elle n'aura jamais de journal. Il leur convient que le secret de leurs intrigues ne soit pas plus dévoilé que celui de leur faiblesse, car jusque-là ils pourront persuader qu'ils sont ici *les plus nombreux* et *les plus forts*. J'ignore si c'est en vertu de cette fausse opinion accréditée que le parti libéral, je veux dire celui des royalistes constitutionnels, paraît effectivement le plus faible ; mais c'est un fait certain que ses adversaires, ici, ont pour eux l'audace, l'activité et cette force de cohésion qui, politiquement parlant, donne aux masses la résistance... Qu'en arrive-t-il ? La ville de Marseille reste dans un état d'infériorité morale sensible, comparativement aux autres grandes villes du royaume [2]. »

Alphonse Rabbe joignait à un caractère énergique un talent sincère qui devait éclater plus tard dans la presse parisienne. Dès le début de 1820, il s'était préoccupé de créer à Marseille le journal indépendant qui faisait défaut. Il lui donna pour titre *Le Phocéen* et pour programme : La Charte et le Roi, le Roi avec la Charte tout entière [3]. Ce fut dès lors contre *Le Phocéen* que se portèrent tous les coups du parti des ultras. A la fin de mars, ils décidèrent le Conseil municipal et le préfet à intenter des poursuites pour un article jugé injurieux. Rabbe menacé dut cesser sa publication et s'enfuir même de Marseille [4]. Il se réfugia à Grenoble ; mais sa retraite ne tarda pas à être connue et il fut mis en état d'arrestation [5]. Ce coup de force émut les libéraux du Dauphiné ; ils obtinrent, en versant caution, la mise en liberté

---

1. Cf. Rapports du procureur-général d'Aix, juin, 30 septembre 1820, Arch. nat., BB^{30} 237.
2. *Lettre sur l'utilité des journaux politiques publiés dans les départements, et par occasion sur celui qui pourrait exister à Marseille*, Paris, 1820, in-8° (Bibl. nat., Lb^{48}, 1398), p. 25-26.
3. *Id.*, p. 25.
4. *La Renommée*, 2 avril.
5. *Id.*, 3-4 avril.

de Rabbe qui sortit de prison le 17 avril [1], après avoir été renvoyé à la fois devant le tribunal correctionnel et la Cour d'assises [2].

La tentative du *Phocéen* fut reprise un peu plus tard, en novembre 1820, par une feuille nouvelle, *Le Caducée*, qui, pour éluder la loi de censure, se donna comme un journal exclusivement littéraire. En butte aux mêmes assauts que Rabbe, l'éditeur-responsable, Joseph Méry, résista plus longtemps [3]. Mais dénoncé et poursuivi pour traiter, sous couvert de littérature, des questions politiques, *Le Caducée* finit à son tour par succomber [4].

Isère.

En fuyant la police marseillaise, c'était à Grenoble que s'était réfugié Alphonse Rabbe. Il savait en effet qu'il trouverait dans le Dauphiné un groupe libéral important et influent. Toutes ces régions, voisines de la frontière piémontaise, offrait à l'opposition le centre de résistance le plus opiniâtre après les départements bretons. Des communications incessantes s'étaient établies entre les révolutionnaires italiens et français. Il en résultait une circulation active qui avait permis aux campagnes de suivre le mouvement libéral des villes ; certains cantons ruraux, aux alentours de La Mure par exemple, comptaient même parmi les plus exaltés [5]. A Grenoble, comme à Rennes, le mouvement s'était surtout concentré autour de l'Ecole de droit. Les étudiants, en rapports avec de nombreux officiers de la garnison, avaient ébauché une sorte d'organisation solide qui étendait ses ramifi-

1. *Le Courrier français*, 25 mai.
2. *Moniteur*, 27 mai.
3. Cf. *Réponse du Caducée... aux invectives de certains journaux*, Marseille, 1821, in-8°, 16 p. (Bibl. nat., Lb[48], 3333).
4. Cf. *Procès du Caducée, avec des notes, publié par M. J. Fabrissy aîné, un des rédacteurs du Caducée*, Marseille, septembre 1821, in-8°, 56 p. (Bibl. nat., Lb[48], 2174).
5. Lettre du préfet au directeur de la police, 23 mai 1820, Arch. nat., F[7] 6650, dossier 103.

cations jusqu'aux limites du Dauphiné [1]. Elle avait son centre dans une réunion de Grenoble, le cercle Arribert. « Ce cercle, écrivait le préfet au ministre de l'Intérieur, est composé de tous les hommes d'affaires de la ville au nombre d'environ deux cents ; il est le foyer de tous les discours démagogiques, de toutes les menées politiques [2]. »

La réunion Arribert se trouvait en liaison étroite avec la rédaction de l'organe de l'opposition locale, le *Journal libre de l'Isère* [3]. Cette feuille, fondée au début de juillet 1819 par un groupe de libéraux, Renauldon fils, Crépu, H. Mazerat, Perriolat, Virard, Laurent, s'était rapidement distinguée par une allure décidée, une polémique énergique, une propagande incessante dans les campagnes. Elle avait pris la même importance dans le sud-est que l'*Echo de l'Ouest* en Bretagne ; elle annonçait son intention de résister à la loi de censure et d'opposer à la Commission, composée en avril de Savoye des Grangettes, conseiller de préfecture, R. de Bennelot et Ducoin [4], tous les obstacles possibles. La Commission soutint pendant plus d'un an, contre le *Journal libre*, une véritable lutte qui se déroula parfois au milieu des manifestations et des émeutes. Les rapports détaillés qu'elle adressa à Paris forment comme un tableau suivi de cette effervescence dauphinoise qui eut dans la France entière une répercussion profonde. Ils présentent en outre un intérêt plus particulier : les longs extraits d'articles rejetés qu'ils fournissent permettent d'apprécier, sur des exemples précis qui font trop

---

1. Id., 25 mai 1820, id.
2. Lettre du 17 décembre 1819, Arch. nat., F⁷ 6943, dossier 3814.
3. Pour la presse dauphinoise, il existe deux bibliographies : une plus ancienne de C. de Batines, *Bibliographie des journaux et recueils périodiques du Dauphiné* dans les *Mélanges biographiques et bibliographiques relatifs à l'histoire littéraire du Dauphiné* par C. de Batines et Ollivier Jules, Valence, 1837, in-8°, p. 51-98, une plus récente de Henry Rousset, *La presse à Grenoble. Histoire et physionomie*, Grenoble, 1900, in-8°.
4. Sur cette Commission, cf. une note dans *La Renommée*, 23 avril ; sa composition fut plusieurs fois modifiée ; à partir du 28 juillet : Ducoin, Darbon, Burdet ; à partir du 29 août : Ducoin, Darbon ; à partir du 27 septembre : Ducoin seul.

souvent défaut dans les autres départements, l'esprit de cette censure politique dans un des centres les plus agités.

...... Il n'existe, dans le département de l'Isère, que trois écrits périodiques ou semi-périodiques auxquels la loi du 31 mars dernier soit applicable : ce sont le *Journal de Grenoble*, le *Journal libre de l'Isère* et *L'Echo des Alpes*......

1° *Journal de Grenoble.*

Ce journal [1], qui paraît les mardis, les jeudis et les samedis de chaque semaine, est le journal administratif du département de l'Isère ; il se compose des arrêtés, circulaires, etc... de M. le Préfet, des actes émanés des autres autorités, des avis qui peuvent intéresser les habitants du département, des nouvelles locales de tout genre ; enfin il offre un extrait des journaux de Paris.

L'esprit de sagesse et de modération avec lequel ce journal est rédigé le met à l'abri des suppressions de la censure.

2° *Journal libre de l'Isère.*

Comme le précédent, ce journal paraît les mardis, les jeudis et les samedis de chaque semaine. Il renferme aussi des avis qui peuvent intéresser les habitants du département de l'Isère, des nouvelles locales et un extrait des journaux de Paris. On y joint parfois des réflexions assez étendues, soit sur des questions générales, soit sur des faits particuliers.

Au reste, un esprit bien prononcé d'ultra-libéralisme règne dans la rédaction de ce journal, objet principal et journalier de la censure en ce département. Voici les articles ou passages dont nous avons jugé à propos d'empêcher l'insertion depuis que nos fonctions ont commencé :

Le 10 avril 1820, l'éditeur nous a présenté un article qu'il a indiqué comme extrait de *La Renommée*. Dans cet article, relatif aux affaires d'Espagne, on lisait la phrase suivante : « Les Cortès sont enfin convoqués pour le 9 juillet. » Ensuite on lisait : « Cinq jours plus tard, « l'anniversaire aurait été d'un heureux augure. » Nous avons supprimé cette seconde phrase, comme écrite dans l'intention de louer des excès révolutionnaires.

---

1. Fondé en 1798 sous le titre de *Courrier de l'Isère, journal constitutionnel de Grenoble*. Cf. C. de Batines, *ouvr. cité*, p. 67-69.

Le 11 avril 1820, l'éditeur a demandé s'il pourrait insérer dans son journal un article de *L'Echo du Nord* (n° 96, journal du 5 avril 1820). Dans cet article, daté de Lille, on annonçait qu'une insurrection avait éclaté dans plusieurs villes de l'Italie. Ensuite venaient une pièce de vers italiens adressée à Guillaume Tell et une traduction en vers français de cette pièce. C'est ainsi que cette traduction se terminait :

Mais, en exterminant un tyran oppresseur,
Tu fis preuve, à la fois, d'adresse et de valeur.
Invincible héros, puisse ton noble exemple
Etre imité de mes concitoyens !
Nous vivons asservis, l'Europe nous contemple,
Et nous sommes Italiens !
Ah ! puisse ma chère Italie,
Sous un joug odieux maintenant avilie,
Par un effort sublime étonner l'univers,
Se lever comme toi, frapper la tyrannie
Et secouer d'indignes fers.

Nous avons répondu que nous ne laisserions insérer ni l'article ni les vers qui y faisaient suite.

Le même jour 11 avril 1820, nous avons refusé d'approuver l'insertion de la plus grande partie d'un long article qui est ci-joint [1]. Les passages supprimés sont marqués dans cet article relatif à des réflexions sur la censure, à des nouvelles fausses pour la plupart ou

1. L'article est intitulé : Symptômes du moment : « Les doctrines pernicieuses « ayant, comme chacun sait, fait des progrès tels qu'il n'était plus possible aux « gouvernants de gouverner, un régiment d'hommes à ciseaux a été expressément chargé de surveiller les idées au passage et d'en préserver ce bon peuple « qui n'est jamais plus heureux que lorsqu'il paye et ne raisonne pas, à peu « près comme on établit un cordon d'hommes à baïonnettes pour garantir les « pays voisins de la contagion de la peste... Nous fûmes coupables, il faut « l'avouer, mais nous nous repentons et promettons de nous abstenir désormais « de toute doctrine de ce genre. Cette confession de nos fautes attendrira sans « doute nos censeurs qui nous permettront peut-être de présenter de temps en « temps à nos lecteurs quelques faits que nous aurons soin de *n'accompagner « d'aucune réflexion*... » Suit une série d'avis de destitution de fonctionnaires, coupables d'avoir critiqué les lois d'exception. La Commission écrit en marge : supprimer. Puis, après plusieurs nouvelles sans suite que la censure laisse passer, l'auteur ajoute : « *Voilà mon article fini. Il ne contient que des faits incontestables. « Sera-t-il admis ? Je n'en sais rien. S'il était rejeté, ce serait un symptôme de plus.* « — Nous demandons pardon à nos abonnés d'avoir conservé le mot libre dans « le titre de notre journal ; nous ne pouvions le supprimer sans inconvénient. « Au reste, nous serons toujours libres, en ce sens que le pouvoir pourra bien « nous forcer à nous taire, mais jamais nous faire parler. »

accompagnées d'observations propres à aigrir le public contre l'autorité.

Le 13 avril 1820, nous avons supprimé un article qui avait pour but d'engager les électeurs du département de l'Isère à voter dans le sens de l'ultra-libéralisme sans écouter les observations contraires.

Le même jour, nous avons supprimé le passage suivant d'une annonce, par analyse, du *Journal général de législation* : « En France, « par exemple, où toutes les libertés de la nation meurent à la fois, où « le cachot et le bâillon ont promis à l'autorité le silence dont elle a « cru avoir besoin pour ses actes ; en France, comme partout ailleurs, « les idées grandes et généreuses se propagent plus que jamais. Le « zèle et l'énergie des défenseurs des saines doctrines semblent « s'accroître en raison des attaques dirigées contre elles. Si le despo- « tisme s'évertue, le libéralisme veille. »

Le 14 avril 1820, un article présenté portait ces mots : « La Com- « mission de censure voudra-t-elle bien nous permettre d'annoncer « aujourd'hui que M. Planelly de Lavalette, ancien député à la « Chambre de 1815, est nommé, par ordonnance du 9 de ce mois, « président du collège électoral de l'Isère ? »

Nous avons supprimé le mot *aujourd'hui* placé là dans l'intention maligne de persuader au public qu'*un jour précédent* nous avions empêché, sans motif juste, l'éditeur d'annoncer la nomination de M. de Lavalette. Nous avions, il est vrai, empêché cette annonce ; mais c'était parce que les rédacteurs affirmaient en même temps que M. de Lavalette *faisait partie de la majorité de la Chambre de* 1815 ; assertion fausse et erronée, puisque nous avons la certitude que M. de Lavalette, à la Chambre de 1815, a souvent voté dans le sens du Gouvernement.

Le même jour, nous avons refusé d'approuver un article qui renferme, au sujet des événements de Rennes, une réflexion qu'il nous a paru dangereux de laisser publier [1].

Le 17 avril 1820, l'éditeur nous a présenté un article relatif à des constructions que font faire à Grenoble le Couvent de Sainte-Marie, le Séminaire et Madame Perret, ancienne religieuse. Dans cet article, on lisait la phrase suivante : « Les travaux avancent avec une rapidité « vraiment effrayante. » Nous avons supprimé les mots *une* et *vraiment effrayante*, comme servant à exprimer une injure et une calomnie.

1. Après avoir annoncé qu'à Rennes les soldats avaient refusé de crier : Vive la Charte ! l'auteur concluait : « Nous n'ajoutons aucune réflexion, car la censure, « qui laisse dire que le devoir des soldats français est de ne pas crier : Vive la « Charte !, ne tolérerait pas celles que nous susciterait une pareille assertion. »

Le 19 avril 1820, l'éditeur nous a présenté un article extrait du *Censeur*, où il est dit que divers éditeurs de journaux sont poursuivis judiciairement depuis la loi sur la censure. Parmi ces éditeurs, *Le Censeur* avait désigné celui du *Journal de l'Isère*. Nous avons supprimé cette désignation par le motif suivant : l'éditeur du *Journal de l'Isère* est, il est vrai, poursuivi judiciairement ; mais les poursuites dirigées contre lui ont lieu à cause d'un article publié avant l'établissement de la censure et elles avaient commencé avant cet établissement. Elles ne sont donc point l'effet de la loi sur la censure, comme *Le Censeur* aurait voulu le persuader.

Le même jour l'éditeur nous a présenté l'annonce suivante : « *Le* « *Livre noir*, par un homme, avec cette épigraphe : *Les hommes* « *ressemblent aux bœufs qui voient plus gros qu'eux les manants qui* » *les conduisent* : *tant mieux* ; *car, si ceux qui se laissent conduire* « *voyaient au juste ce que sont la plupart de leurs conducteurs, je ne* « *répondrai pas des coups de cornes* (Extrait de l'ouvrage, chap. 3, « page 41). »

Nous avons supprimé de cette annonce, que nous croyons tirée du *Censeur*, tout ce qui suit les mots *par un homme*, parce que le reste tend, indirectement si l'on veut, mais assez évidemment, à inspirer l'esprit de sédition.

Le même jour, dans un article où l'un des rédacteurs disait que, sans la censure, il lui serait facile d'empêcher l'effet des fausses nouvelles colportées dans le public, nous avons supprimé le passage suivant : « Que pouvons-nous aujourd'hui ? Si la vue des fers dont nous « sommes chargés n'ôte pas tout crédit à notre voix, sommes-nous « sûrs seulement que ces lignes échapperont au fatal ciseau ? Des « censeurs souffriront-ils que nous disions qu'à moins d'être révolu- « tionnaire ou ultra, on ne saurait aimer la censure ? »

Le même jour, dans une lettre adressée au journaliste pour être insérée, on lisait ce passage : « Dans un moment où les bons Français « tremblent pour leur liberté. » Nous avons supprimé les mots après *dans un moment*.

Le 20 avril, nous avons supprimé un article relatif à des placards incendiaires que, suivant l'auteur de l'article, *des factieux de* 1815 auraient affiché à Nîmes. Il nous a semblé que la publication d'une nouvelle pareille n'était propre qu'à exciter les passions et les haines.

Le 21 avril 1820, dans un article relatif à une rixe qui, suivant un rédacteur, aurait eu lieu entre les officiers de la garnison de Chambéry et les bourgeois de cette ville, nous avons supprimé la phrase suivante : « Les officiers, auteurs de tout ce bruit, sont militaires depuis

« la paix ; ils ont refusé les nombreux duels qui leur avaient été « proposés. »

Le 26 avril 1820, nous avons supprimé deux articles dont l'un concernait les missionnaires et l'autre était relatif au nouveau projet de loi sur les élections [1].

Le 28 avril 1820, nous avons supprimé deux articles : le premier est relatif à la mise en prévention de MM. Constantin, négociant, Berger et Mazerat, avocats, parce qu'ils ont ouvert une souscription dans le département de la Drôme, en faveur des personnes qui pourraient être détenues d'après la loi du 26 mars 1820. Le même article annonce que les prévenus, le jour même de leur mise en prévention, ont publié une seconde invitation de souscrire.

Le second de ces deux articles renferme le récit de plusieurs faits concernant l'élection qui vient de s'effectuer à Vienne. Les faits racontés dans ce récit sont ou absolument faux ou dénaturés par la manière dont ils sont offerts......

3° *Echo des Alpes.*

L'Echo des Alpes est un recueil semi-périodique dont les livraisons sont publiées ordinairement de mois en mois. L'ultra-libéralisme le plus marqué a caractérisé la rédaction de toutes les livraisons de ce recueil qui ont paru depuis le commencement de sa publication [2].

Au reste, l'éditeur de *L'Echo des Alpes* a fait, en temps utile, la déclaration prescrite par l'article 1er de l'ordonnance du 1er avril 1820 ; mais, depuis l'époque de cette déclaration, aucun article destiné à ce

---

1. Tous les Français sont égaux devant la loi, dit la Charte. En exécution « de cet article, il nous est interdit de parler librement à quatre ou cinq cents « abonnés, tandis qu'un missionnaire peut tous les jours assembler impuné- « ment deux mille auditeurs et les catéchiser sans craindre de censure préa- « lable. »

« Nous avions réduit à un seul article le projet de loi sur les élections présenté « il y a deux mois. Il serait facile de faire subir la même opération au nouveau « projet. Voici le résultat que donne l'analyse : 1° Il ne sera à l'avenir admis « à la représentation nationale que des hommes monarchiques purs. 2° A défaut « d'hommes monarchiques, il ne sera choisi que des hommes d'une absolue « incapacité. »

2. *L'Echo des Alpes* était une sorte de recueil littéraire fondé en juin 1819 par MM. Genève, ancien officier supérieur, Mazerat, avocat, Renaud, docteur en médecine, Proby, ancien notaire. Il venait de suspendre sa publication à la suite d'une condamnation pour diffamation. Cf. *Discours prononcé à l'audience du 10 janvier 1820 par l'avocat du docteur Renaud, dans l'affaire de L'Echo des Alpes*, Grenoble, 1820, in-8°, cité par H. Rousset, *La presse à Grenoble*, Grenoble, 1900, in-8°, p. 76-77.

recueil n'a été présenté à notre censure et aucune nouvelle livraison n'a vu le jour. Aussi *L'Echo des Alpes* n'est mentionné ici que pour mémoire [1].

Toute la série des rapports contient les mêmes indications sur le *Journal de Grenoble* et sur *L'Echo des Alpes*. C'est uniquement sur le *Journal libre* que se portent jusqu'à la fin l'attention et les efforts de la Commission. Chaque mois, elle note avec soin les retranchements opérés et la résistance plus ou moins accentuée de la feuille d'opposition marque avec précision les fluctuations de l'esprit public.

Journal libre de l'Isère.

L'esprit d'ultra-libéralisme caractérise toujours ce journal. Toutefois, comme les rédacteurs avaient essuyé de notre part beaucoup de refus durant le mois dernier, ils se sont peu mis, ce mois-ci, dans le cas de voir leurs articles supprimés ou tronqués. Parmi les retranchements que nous avons cru devoir faire, les suivants nous semblent devoir seuls être remarqués :

1° Le 5 mai 1820, nous avons supprimé la plus grande partie d'un article ; il était relatif à la saisie d'une brochure intitulée : *Précis de ce qui s'est passé à l'Ecole de droit de Grenoble, suivi d'une adresse aux* 115 *députés et d'une lettre aux élèves de l'Ecole de Rennes*. Nous n'avons laissé imprimer de cet article, écrit en général d'un style inconvenant, que l'indication de la saisie et du titre de l'ouvrage.

2° Le 12 mai 1820, nous avons retranché d'un article, extrait du *Courrier français*, le passage ci-après souligné : « Tout le monde con-« vient qu'il y a de l'effervescence et de l'irritation dans les esprits. « Mais on ne s'accorde point sur ce qui les produit : *les uns y voient la « cause et les autres l'effet de la conduite actuelle du Gouvernement.* »

Assurément les mots que nous venons de souligner tendent à faire penser que la conduite actuelle du Gouvernement est fort blâmable puisqu'elle est susceptible d'irriter vivement les esprits ; il nous a paru que l'expression d'une telle opinion ne pouvait qu'exciter à la désobéissance aux lois.

3° Le même jour, nous avons supprimé la fin de l'annonce d'une brochure intitulée : *De l'incompatibilité de la noblesse et de la pairie*

1. Rapport du 29 avril 1820.

héréditaire, par un *ancien Député*. L'article entier était extrait du *Censeur*.

Nous avons supprimé le passage dont il s'agit parce qu'il était formellement en contradiction avec l'article de la Charte qui concerne la noblesse.

4° Le même jour, nous avons refusé d'autoriser l'impression de la fin d'un article relatif à la saisie de quelques exemplaires de la pétition imprimée par M. Madier de Montjau, saisie qui a été effectuée entre les mains d'un crieur. L'auteur de l'article s'était trompé ou avait feint de se tromper sur les motifs de la saisie, qui avait eu lieu parce que l'imprimeur de Grenoble avait imprimé et fait vendre par un crieur public une pétition dont la Chambre des députés n'avait pas voulu entendre la lecture et dont rien ne prouvait que l'auteur eût autorisé l'impression à Grenoble.

5° Le 24 mai 1820, nous avons refusé d'approuver l'insertion d'un article consacré à rendre compte d'une séance de la Cour d'assises de l'Isère, séance dans laquelle une femme a été condamnée à mort pour tentative d'incendie. Notre refus a été fondé sur ce que le rédacteur de l'article y présentait les faits sous une couleur injurieuse pour le Ministère public ; il disait même que M. l'avocat-général, dont les conclusions avaient été pour la condamnation, avait *avoué* qu'il n'y avait contre l'accusée que *de simples probabilités*. Nous nous sommes convaincus au reste que cette assertion était fausse [1]......

Les troubles de juin n'atteignirent pas profondément l'Isère. A la nouvelle de l'effervescence parisienne, les étudiants de Grenoble s'agitèrent, répandirent dans le public quelques violents pamphlets, essayèrent même, dans la nuit du 2 au 3, de provoquer un mouvement [2]. Mais leurs efforts restèrent infructueux. La population indécise et inquiète, mal informée des émeutes de la capitale, assista sans bouger à ces manifestations d'école.

Journal libre de l'Isère.

L'esprit de ce journal ultra-libéral n'a pas changé ; mais la crainte bien fondée des refus de la censure fait que les rédacteurs s'y exposent beaucoup moins que dans les commencements... Depuis

1. Rapport du 26 mai 1820.
2. *Le Courrier français*, 11 juin.

notre dernier rapport, nous n'avons eu que deux retranchements qui, par leur degré d'importance, nous paraissent devoir être signalés ici :

1° A Grenoble, comme dans la plupart des villes de France où se trouvent des Ecoles de droit, les étudiants ont affecté en assez grand nombre de porter le deuil du jeune Lallemant et d'aller auprès du cimetière prononcer des éloges funèbres en son honneur. Les rédacteurs du *Journal libre* avaient composé un article où ils rendaient compte de ces témoignages de regret. Nous avons supprimé cet article, en nous fondant sur le danger de publier, par la voie d'un journal, des procédés au moins irréguliers et surtout de les exposer sous des couleurs favorables.

2° Récemment l'éditeur propriétaire du *Journal libre* voulait y insérer en entier l'article qui a fait mettre en jugement, par devant la Cour d'assises du Bas-Rhin, le sieur Marchand, rédacteur du *Patriote alsacien* [1]. Cet article, qu'on a dit extrait du *Drapeau blanc*, renferme une allégorie évidemment injurieuse et dirigée contre Sa Majesté et les membres de son auguste famille. Nous aurions cru blesser essentiellement notre devoir en autorisant la publication d'un pareil écrit dans un journal soumis à notre censure [2]......

Journal libre de l'Isère.

Les rédacteurs de ce journal ultra-libéral étaient devenus plus modérés ou plus circonspects. Même près de vingt jours s'étaient écoulés sans que la censure eût rien retranché de leurs articles. Mais, le 19 du mois courant, ils nous ont envoyé une relation sommaire de la révolution de Naples et, depuis cette époque, ils ont beaucoup repris de leur premier style ; il a donc fallu renouveler les suppressions.

La plus remarquable a été celle de la relation dont nous venons de parler et qui concernait les événements de Naples. Le 19 de ce mois, jour où elle nous est parvenue, nous ignorions absolument ce qu'il fallait penser d'une telle nouvelle dont rien ne nous démontrait l'authenticité. Nous dûmes donc supprimer un article au moins incertain à notre avis et qui n'était pas, à beaucoup près, au nombre de ceux qu'on peut indifféremment laisser publier, soit qu'ils portent des vérités, soit qu'ils ne renferment que des assertions douteuses.

Deux jours après, nous sûmes positivement la révolution napolitaine. Alors nous ne pûmes plus refuser d'approuver les articles qui la

1. Cf. plus loin, p. 167.
2. Rapport du 27 juin 1820.

concernaient et qui sont peut-être les premiers qui aient paru à ce sujet dans un journal de France.

... Le 26 de ce mois, ils voulaient insérer des passages extraits des *Philippiques* de Lagrange-Chancel, et choisis de façon que, faute d'éclaircissements, ils pouvaient donner lieu à des applications aussi fausses que dangereuses. Tels étaient les vers suivants, cités d'une manière isolée et sans détails explicatifs :

> Tremble, Paris, tu vas apprendre
> A quel maître tu t'es donné :
> De la vengeance qu'il va prendre
> Tu seras longtemps étonné, etc...

Nous avons cru devoir supprimer des citations offertes aux lecteurs avec des intentions aussi évidemment malignes [1]......

Journal libre de l'Isère

Ce journal, dont le titre et nos rapports antérieurs suffisent pour signaler l'esprit, continue à rendre nécessaire la surveillance et l'action de la censure. Il a subi plusieurs suppressions dans le courant du mois dont il s'agit ici : tantôt il était question d'un article où l'on soutenait que *les vœux des peuples sont, à la longue, des ordres pour les rois* ; tantôt on voulait publier des réflexions dont le but était d'ôter ou de diminuer la considération de quelques fonctionnaires du département, au moyen d'allégations complètement fausses ou exprimées en style inconvenant.

Le 16 août courant, nous avons refusé d'approuver l'insertion d'une lettre, réelle ou supposée, datée de Chambéry et du 12 août. Les fragments suivants de cette lettre en indiqueront le sujet et motiveront assez notre refus :

« Les événements de Naples ont produit une agitation universelle « en Italie : l'aigle d'Autriche est menacée ; un même cri d'indépen- « dance se fait entendre des Etats romains au Milanais... Il n'y a plus « de Bolonais, de Ferrarois, de Vénitiens en Italie ; il n'y a que des « Italiens. Cette heureuse confraternité des habitants de l'antique « Ausonie semble présager leur retour prochain à l'indépendance. « Les précautions, les mesures extraordinaires du cabinet de Vienne « ne feront peut-être qu'accélérer l'explosion. Déjà il y a eu quelques « troubles à Bologne, Venise et Milan... Le Roi de Sardaigne, notre

1. Rapport du 28 juillet 1820.

« souverain bien-aimé, a reçu plusieurs pétitions dans lesquelles on « le supplie d'accorder une constitution à ses peuples. Sur l'avis de « ses ministres, il a, dit-on, ajourné cette concession que la marche « du siècle et les progrès de la raison humaine rendront un jour indis- « pensable. »

Au reste, il est bon d'observer que les rédacteurs de ce journal ne se sont permis aucune réflexion sur les derniers évènements de Paris ; ils se sont contentés de copier et de citer celles des journaux de la capitale rédigés dans le même sens que le leur, tels que *Le Courrier français* et *Le Constitutionnel* [1]......

Nous remarquons avec beaucoup de plaisir que, dans cet intervalle d'environ un mois, nous n'avons eu aucune suppression à faire pour des motifs politiques [2]......

Journal libre de l'Isère.

Les rédacteurs de ce journal, qui, pendant un mois, comme notre dernier rapport en a fait mention, ne nous avaient rien soumis de répréhensible sous le rapport politique, n'ont pas persisté à se maintenir dans les bornes d'une modération que nous avions eu tant de plaisir à reconnaître. Les approches des élections semblent avoir réveillé l'esprit de parti qui dirigeait leur plume antérieurement au mois dernier. Aussi ont-ils publié peu de numéros de leur journal où nous n'ayons cru devoir faire préalablement des suppressions : tantôt ils s'exprimaient d'une manière inconvenante sur les opérations de l'autorité administrative relatives à la publication des listes d'électeurs ; tantôt ils voulaient indiquer nommément, dans le sens de leur parti, les candidats qu'ils désiraient... faire élire...

De plus, nous avons supprimé deux articles relatifs au Piémont : dans l'un, on disait qu'une grande fermentation régnait en ce pays ; dans l'autre, on annonçait qu'on y avait crié : Vive la Constitution !, que trois régiments en avaient donné l'exemple et qu'il y avait eu des rixes entre des officiers *de différentes castes*.

Nous avons aussi retranché un article où l'on racontait que des rixes venaient d'avoir lieu à Lyon entre les bourgeois et les Suisses. L'article nous a été soumis le 4 du mois courant.

Enfin nous n'avons nullement cru devoir autoriser l'insertion de la

1. Rapport du 29 août 1820.
2. Rapport du 27 septembre 1820.

fin d'un article relatif à la lettre que M. Benjamin Constant a écrite à S. E. le Ministre de la Guerre au sujet des événements de Saumur [1]. Sans doute, Messieurs, vous approuverez notre suppression quand vous saurez que l'auteur de l'article s'élevait contre ce qu'il appelait *des prétoriens imberbes, qui ne redoutent le Gouvernement constitutionnel que parce qu'ils y voient un frein à la puissance du sabre, la seule qu'ils comprennent, quoique la plupart d'entre eux aient ignoré ce que c'était qu'un sabre, quand le sabre défendait la patrie* [2]......

Les événements italiens et espagnols occupaient seuls l'opinion dauphinoise. Les informations incertaines qui parvenaient avaient fini par soulever dans tout le pays une agitation confuse, un malaise persistant. De vagues bruits circulaient dans les campagnes, se répandaient avec une rapidité déconcertante. La Commission de censure s'efforçait de les arrêter, de supprimer la plus grande partie des correspondances piémontaises [3] ; mais elle n'arrivait point à dominer cette inquiétude dont les libéraux cherchaient à tirer profit. Le rapport de décembre donne un exemple de ces fausses nouvelles colportées pour semer l'alarme :

... Dans le courant du présent mois de décembre, on a répandu à Grenoble la nouvelle d'un passage prochain de troupes étrangères qui devaient traverser la France pour se rendre en Espagne. On ajoutait que le Gouvernement français donnait, à titre de garantie, des places fortes aux gouvernements étrangers. Un article inséré dans le *Journal de Grenoble*, journal administratif et très sage, démentit ces bruits, démontra leur fausseté et les attribua justement aux perturbateurs qui sont sans relâche en opposition avec le Gouvernement de Sa Majesté.

Le 22 décembre, les rédacteurs du *Journal libre de l'Isère* nous firent soumettre un article fait à l'occasion de celui dont nous venons de parler. Ils y disaient, tantôt avec ironie, tantôt avec une vive aigreur, que le parti attaqué par le *Journal de Grenoble* était sans doute celui des hommes habitués à désirer le séjour des étrangers en

---

1. Cf. p. 103.
2. Rapport du 27 octobre 1820.
3. Cf. le rapport du 29 novembre 1820 qui contient quelques suppressions de ce genre sans intérêt.

France et ils désignaient clairement qu'ils voulaient parler des royalistes. Le motif de notre refus est trop évident pour rendre ici une explication nécessaire [1]......

Dès le début de 1821, l'inquiétude avait atteint dans le Dauphiné un tel degré de gravité que l'on pouvait craindre de voir éclater quelque mouvement insurrectionnel. La crise aiguë de 1820, le complot avorté du mois d'août à Paris, les élections sous le régime de la loi du double vote avaient fait naître, dans les centres de résistance libérale, un mécontentement général et confus, une hostilité passionnée, encore avivée par les émeutes militaires d'Espagne et de Naples. On se rendait compte qu'il suffirait du moindre trouble local pour déchaîner spontanément une perturbation plus vaste. C'est dans cet état de fièvre latente que les meneurs du cercle Arribert préparèrent dans le sud-est, où les dispositions des esprits semblaient particulièrement propices, une sorte de soulèvement sans dessein déterminé. Ils renoncèrent pour l'instant à ces escarmouches journalières qu'ils livraient dans le *Journal libre* à la Commission de censure [2]. Ils entreprirent une propagande plus vaste et plus secrète. Les germes d'organisation s'étaient développés, grâce surtout aux correspondances des Ecoles de droit. Les comités libéraux avaient lié de nombreuses intelligences parmi les officiers facilement conquis aux idées de l'opposition. L'agent le plus énergique de ce mouvement fut, pendant quelques mois, un jeune homme, Laurent, à peine sorti de l'Ecole de droit et rédacteur depuis l'origine du *Journal libre de l'Isère* [3]. Les rapports de police le signalent « comme l'un des meneurs les plus actifs de la faction libérale [4] ».

---

1. Rapport du 28 décembre 1820.
2. Les rapports des 29 janvier et 29 février 1821 ne contiennent que quelques suppressions insignifiantes.
3. Lettre du lieutenant-général commandant la 7e division au ministre de la guerre, 24 mars 1821, Arch. nat., F7 6843, dossier 3814.
4. Lettre du préfet au directeur général de la police, 16 avril 1823, Arch. nat., F7 6843.

Au commencement du mois de mars, l'agitation prit à Grenoble un caractère insurrectionnel [1] : des manifestants arboraient en plein jour la cocarde tricolore et chantaient à travers les rues des chansons séditieuses. On sentait sur la ville une sorte de malaise et d'oppression qui laissait pressentir l'émeute. Elle se déchaîna soudain dans la matinée du 20. Une missive privée, arrivée de Lyon, annonçait qu'une révolution avait éclatée à Paris, que le roi avait abdiqué et que le duc d'Orléans était proclamé régent. Les libéraux s'emparèrent de ces étranges nouvelles. La lettre fut lue au cercle Arribert, colportée de café en café, répandue en quelques instants dans les faubourgs. Ce fut aussitôt comme une levée générale. Une foule nombreuse se porta sur la place Saint-André et envahit la cour de la préfecture. Au milieu des cris de révolte qui sortaient des groupes, une députation monta jusqu'aux appartements pour demander quelque information sur les nouvelles qui circulaient. Malgré le démenti formel du préfet, la foule refusa de se disperser. Elle revint en tumulte sur la place Saint-André, toujours précédée du drapeau tricolore.

Pendant ce temps, plusieurs colonnes d'émeutiers se formaient sur d'autres points de la ville. L'une d'elle marcha sur la citadelle, pénétra dans l'enceinte aux cris de : Vive la liberté ! Vive la constitution ! Aux armes ! et empêcha les chasseurs à cheval de se rassembler ; puis elle traversa l'Isère, parcourut le faubourg Saint-Laurent et gagna les remparts avec les mêmes cris hostiles et menaçants.

Le lieutenant-général, comprenant vite l'importance de l'émeute, était accouru au quartier d'infanterie ; il avait réuni à la hâte un bataillon dont il avait pris le commandement et

1. Le récit suivant est établi d'après l'arrêt de la Chambre des mises en accusation de la Cour royale de Grenoble en date du 5 mai 1821. Cet arrêt est publié dans une courte brochure intitulée *Procès relatif aux évènements du 20 mars*, Grenoble, 1821, in-8°, qui se trouve aux Archives nationales, F^7 6843, dossier 3814 (affaire du 20 mars 1821 à Grenoble). Cf. également sur le procès qui suivit ces évènements et qui s'engagea à Besançon en 1822, Arch. nat., BB^{30} 239, ressort de Besançon.

s'était lancé à la poursuite des colonnes insurrectionnelles. Plusieurs groupes vinrent successivement se heurter à la force armée, sur la place Notre-Dame notamment où la collision fut assez sérieuse. Les soldats s'avancèrent ensuite vers la place Saint-André où se cantonnait toujours le gros des manifestants. Après une série d'escarmouches, le lieutenant-général parvint à la dégager et l'émeute s'apaisa d'elle-même en s'écartant vers les faubourgs.

L'état de siège avait été proclamé pendant la journée même du 20 mars. Le préfet, le baron d'Haussez, avait ordonné la dissolution du cercle Arribert [1]. La Commission de censure à son tour fut chargée de sévir, par une surveillance attentive, contre le *Journal libre*, dont les rédacteurs s'étaient trouvés à la tête du mouvement.

...... Toutes nos suppressions ont lieu relativement au *Journal libre de l'Isère*. Comme il serait trop long de les signaler ici en totalité, nous nous bornerons à celles qui nous paraissent les plus remarquables......

Le 14 mars courant, nous avons supprimé les articles suivants :

« (Extrait d'une lettre de Briançon) : Une lettre de Rome, reçue « par un négociant de notre ville, annonce que l'avant-garde autri- « chienne a été mise en déroute par le corps d'armée du général Pepe ; « les vaincus ont laissé 6.000 hommes sur le champ de bataille. »

« On lit dans un journal anglais que M. de Chateaubriand, écrivant « à un de ses amis, s'est plaint d'avoir trouvé en Prusse des factieux « plus violents qu'en France, et a ajouté que la situation des esprits « est telle dans les Etats prussiens qu'il serait presque tenté de se « réconcilier avec les libéraux français. »

Le 16 mars, nous avons refusé de laisser insérer une note ou lettre de Chambéry qui annonçait que les troupes de la garnison d'Alexandrie et de Turin, moins deux régiments, avaient proclamé la constitution d'Espagne, que le roi de Sardaigne l'avait acceptée, etc...

---

1. Lettre du préfet au directeur de la police, 13 avril 1821, Arch. nat., F⁷ 6843, dossier 3814.

Le même jour, nous avons refusé de laisser insérer un article qui annonçait que des lettres de Paris parlaient de mouvement à Berlin.

Les événements du 20 mars eurent lieu à Grenoble et la ville fut déclarée en état de siège. M. le lieutenant-général commandant la 7e division militaire nous fit savoir que son intention était que nous ne laissassions point insérer d'articles sur les événements du Piémont et de l'Italie. Ce qui s'est passé ensuite a modifié en partie cette mesure......

Depuis le 20 mars, chaque jour des suppressions ont eu lieu... [Elles] ont porté sur des relations mensongères relatives aux événements du 20 mars. Les rédacteurs... s'y efforçaient d'obscurcir la vérité, soit en la dénaturant, soit en laissant des circonstances importantes [1]......

Après l'échec du mouvement du 20 mars, les libéraux, obligés de dissimuler davantage leur action et leur propagande, reprirent leur ancienne tactique : maintenir une agitation sourde en répandant des nouvelles sans fondement, faire naître dans les esprits une sorte d'incertitude en montrant la France sur le point de suivre les insurrections d'Italie. Le baron d'Haussez dénonçait, dans une lettre du 18 avril, cette manœuvre persistante : « Le calme continue à régner dans mon département, mais il existe toujours dans le chef-lieu une sorte d'inquiétude que les libéraux entretiennent à l'aide de bruits alarmants, Depuis hier, ils font circuler des lettres de Turin et de Milan, dans lesquelles on présente le Piémont et l'Italie comme prêts à se soulever [2]. » Ce fut pour la Commission de censure une nouvelle période difficile. Jusqu'au moment où cessèrent les rapports, en juillet, les suppressions se succédèrent pour briser, dans un dernier effort, l'opiniâtreté du *Journal libre*.

... Les circonstances ayant continué quelque temps d'être les mêmes qu'à l'époque de notre dernier rapport et les rédacteurs du *Journal libre de l'Isère* ayant persisté à écrire dans le même esprit, nous avons dû persévérer dans notre sévérité ; il a donc fallu conti-

1. Rapport du 29 mars 1821.
2. Lettre au directeur de la police, Arch. nat., F^7 6843, dossier 3814.

nuer à supprimer presque en totalité les nouvelles relatives aux affaires de Naples et du Piémont qu'on se proposait de publier par la voie de ce journal. Les articles consacrés à raconter ce qui se passait dans ces royaumes tendaient tous à faire croire que les principes révolutionaires, décorés du nom de *constitutionnels*, y étaient encore triomphants et que leurs partisans étaient loin de redouter une défaite. Les rédacteurs ont mis à tenter de propager cette idée une opiniâtreté que notre résistance soutenue a rendu vaine. Malgré des demandes parfois réitérées, nous n'avons point permis qu'on insérât dans le *Journal libre* ni les décrets de la Junte de Turin où le nouvel ordre des choses était loué et où l'on affirmait qu'il s'était établi d'après le vœu de toute la population du royaume, ni les proclamations du comte Santorre di Santa Rosa, ministre de la Guerre et de la Marine, pour appeler aux armes la jeunesse piémontaise...

Plusieurs jours avant le 1er avril courant, on savait à Grenoble, de manière à n'en pouvoir douter, que les Autrichiens étaient entrés à Naples. Nonobstant cette certitude, le 11 avril, les rédacteurs du *Journal libre* ont soumis à notre approbation l'article suivant, présenté comme extrait de la *Gazette subalpine* :

Turin, 1er avril 1821.

« M. le Directeur général de la police du Royaume nous fit commu-
« niquer hier l'extrait suivant d'une lettre : « Un bâtiment qui arrive
« en ce moment dans le port de Gênes apporte la nouvelle que les
« Autrichiens devaient entrer à Naples, par trahison, du 23 au 24 ;
« mais les Napolitains, ayant été informés de la révolution du Pié-
« mont, prirent de l'énergie. Les Autrichiens en furent épouvantés
« et bientôt ordonnèrent la retraite. Les Napolitains les poursuivent ;
« on ignore encore les résultats de ces derniers mouvements mili-
« taires. »

Au reste, depuis qu'on a su positivement à Grenoble le rétablissement total du gouvernement légitime en Piémont, les rédacteurs du *Journal libre* ont cessé de nous présenter des articles de leur composition sur les affaires du Piémont et de Naples, et ils se sont bornés à extraire des journaux de Paris des nouvelles relatives à ce royaume [1]...

... Voici l'indication des principales suppressions que nous avons faites à l'égard du *Journal libre de l'Isère* :

1. Rapport du 30 avril 1821.

Le 2 mai courant, nous avons refusé d'approuver l'insertion d'une lettre de Gênes, datée du 30 mars précédent, et relative aux événements de Naples. Dans cette lettre extraite, disait-on, d'un journal anglais, on donnait à entendre que le ministre de la Guerre de Naples avait favorisé la victoire des Autrichiens en faisant retirer du centre de l'armée des corps considérables, avant l'époque où l'on devait livrer bataille. On y disait de plus que *l'habitant de Naples avait mérité qu'on défendît mieux le système constitutionnel, qu'il avait embrassé avec tant d'enthousiasme.*

Le 11 mai, nous avons supprimé l'article suivant, daté de Lille et relatif à la fête du baptême de S. A. R. le duc de Bordeaux :

« Les observateurs ont remarqué avec peine que les braves canon-« niers sédentaires n'ont pris aucune part à la fête ni aux différents « exercices institués pour le plaisir des habitants. »

Le 28 mai, suppression de l'article suivant, daté de Naples :

« Divers officiers de l'escadre française, qui était dans ces parages, « ayant montré quelque dévouement à la nouvelle constitution « napolitaine et visité des loges de *carbonari*, ont été renvoyés à « Marseille. »

L'éditeur du *Journal libre* a demandé que l'analyse des séances de la Cour des Pairs, relatives à la conspiration du mois d'août 1820, ne fût point soumise à la censure. Il se fondait sur l'usage où l'on est de ne point présenter à la censure le résumé des séances des Chambres.

Nous n'avons pas cru que cette demande pût être accordée et voici le principe qui nous a servi de base : l'analyse des séances des Chambres n'est exempte de la censure que lorsque ces mêmes Chambres sont considérées comme faisant partie du pouvoir législatif, mais non quand il s'agit de fonctions judiciaires [1]......

... Le 20 juin, on voulait insérer dans le *Journal libre* la liste nominale de MM. les membres du jury chargé de juger les prévenus dans l'affaire du 20 mars dernier à Grenoble. Le motif d'une telle publication était clair : on voulait publier le nom des jurés pour tâcher d'inspirer au public contre eux des sentiments de haine, dans le cas où les accusés auraient été déclarés coupables. Nous avons donc cru devoir nous opposer à cette publication parce que nous n'y avons vu qu'un signalement odieux d'hommes estimables.

Le 22 juin, nous nous sommes refusés à l'insertion d'un article qu'on nous a dit ensuite extrait de *L'Ami de la Charte*, journal de

1. Rapport du 31 mai 1821.

Clermont .. L'article récemment supprimé se composait de deux parties : l'une attaquait allégoriquement le royalisme, en le représentant sous l'emblême d'un *merle blanc qui, depuis 30 ans, ne sait et ne répète qu'un seul air*, etc. ; l'autre était le récit de la condamnation (en 1815) d'un savetier, parce que son merle sifflait l'air de la *Carmagnole*.

Le 27 juin, nous avons retranché d'un article sur la promenade du Luxembourg (article qu'on nous a dit extrait du *Courrier des spectacles*) le passage suivant :

« Complètement entouré d'une grille en bois qui ressemble à des « chevaux de frise, gardé par des sentinelles placées sur tous les points, « surveillé par de nombreuses patrouilles, qui se promènent silen« cieusement dans ces mêmes allées d'orangers, paisible rendez-vous « des rentières du faubourg Saint-Germain, le palais du Luxembourg « ressemble, en ce moment, à une des citadelles d'Etat où gémissent, « sans espoir d'être entendus, des hommes plus imprudents que « coupables [1]. »

... Voici les suppressions les plus remarquables du *Journal libre de l'Isère* : .

Le 6 juillet courant, on voulait insérer un prétendu discours de M. Eliçagaray aux professeurs du collège de Marseille ; ce discours, extrait du *Caducée*, journal de Marseille non soumis à la censure, est trop connu, a été répandu avec trop de profusion dans la France pour qu'il soit nécessaire de l'analyser ici. Comme il portait tous les caractères d'une imposture satirique, nous avons refusé d'en autoriser l'insertion [2].

Le 9 juillet, nouvelle tentative de la part des rédacteurs ou de l'éditeur pour faire insérer ce même discours, en y joignant un autre extrait du *Caducée*, où l'on lisait un défi *à qui que ce fût de soutenir et de signer que M. Eliçagaray n'avait point prêché les maximes pernicieuses* que *Le Caducée* lui reprochait. De plus, on prévenait qu'on attaquerait *en faux* ceux qui *mentiraient ainsi à l'honneur et à leur conscience*.

1. Rapport du 29 juin 1821.
2. Sur *Le Caducée*, journal littéraire de Marseille, cf. p. 124. *Le Caducée* avait prétendu que l'abbé Eliçagaray, inspecteur-général, avait prononcé, au lycée de Marseille, un discours où il attaquait en termes violents le libéralisme et où il faisait l'éloge de l'ignorance. Eliçagaray démentit l'information et le texte publié par le journal marseillais. L'affaire avait eu un retentissement considérable. Cf. Ch. Schmidt, *Le Roi n'a pas besoin de savants*, dans *La Révolution française*, 14 septembre 1911.

Refus de notre part, quant au discours et quant à l'autre extrait du *Caducée*.

Le 18 juillet, on nous a présenté un long article tiré du *Journal du Commerce*. Cet article était sur Buonaparte ou, pour mieux dire, en l'honneur de Buonaparte : en effet, l'article presque entier renfermait des éloges pompeux et les critiques légères qui s'y joignaient semblaient n'être là que pour faire passer, aux yeux de la censure, une espèce de panégyrique dont à peine elles affaiblissaient un peu l'éclat. On disait dans cet article que la postérité placerait sans contradiction Napoléon au rang des plus grands hommes de guerre de tous les temps, qu'elle reconnaîtrait en lui tout seul plus d'un homme de génie... etc. L'esprit et le but de cet article nous ont paru trop clairs, l'effet qu'il aurait pu produire dans notre département nous a semblé trop dangereux pour en autoriser la publication.

Le 11 juillet, nous avons refusé de laisser insérer une pièce de vers tirée du *Miroir* et intitulée *Décalogue des bons hommes de lettres*. Les passages suivants suffiront pour en faire juger l'esprit :

« Des philosophes médiras
« Et des libéraux mêmement.
« Chateaubriand admireras
« Et Bonald exclusivement.
« Une fois tu les reliras
« Par pénitence seulement. »

...... [1].

Drôme.

Le département de la Drôme subissait le contre-coup de l'agitation dauphinoise. Valence était sans cesse visitée par des émissaires des libéraux de Grenoble qui cherchaient à étendre jusqu'à la vallée du Rhône leur cercle de propagande et d'affiliation [2]. C'est pour contenir cette action révolutionnaire que l'on réunit à Valence, dès le mois de mai 1820, une Commission de censure (Hortal, conseiller général, Pernety, conseiller municipal, Dupré, juge) [3]. La presse locale cependant donnait peu

---

1. Rapport du 29 juillet 1821.

2. Lettre du lieutenant-général commandant la 7e division au ministre de la Guerre, 24 mars 1821, Arch. nat., F7 6843.

3. Cf. le rapport du 1er juin qui n'est qu'un avis d'installation.

d'inquiétude [1]. Les deux seules feuilles qui sont signalées, *Journal de la Drôme et du Vivarais* et *Feuille d'affiches*, avaient à peine un caractère politique. L'absence de tout rapport de la Commission de censure témoigne bien du peu d'activité de ces journaux, tributaires de ceux de l'Isère.

Rhône.

Dans cette crise des années 1820 et 1821, le centre lyonnais, malgré sa population ouvrière, se tint à l'écart de toute cette effervescence. La ville semblait se ressentir encore de la répression qui avait suivi l'émeute de 1817. Les passions et les haines politiques restaient violentes, mais elles se contenaient pour l'instant [2]. Les royalistes ultras gardaient l'apparence de la domination et les libéraux ne cherchaient pas ouvertement à la leur disputer. Ni en juin, ni en août, les moindres troubles ne sont signalés. La presse locale reflétait cet apaisement passager [3]. Les deux feuilles politiques, qui avaient pris dans la région un développement assez rapide, le *Journal de Lyon et du département du Rhône* depuis 1807 et la *Gazette universelle de Lyon*, fondée en 1819 par Théodore Pitrat, ne se distinguaient pas par des différences tranchées d'opinion, toutes deux ministérielles, avec dans la *Gazette* une tendance à incliner vers les doctrines extrêmes de la droite. La Commission de censure, composée de F. Ponchon, Guillard et Poupar, n'éprouva guère de résistance de leur part. Ses rapports, ordinairement généraux et clairs, laissent apercevoir le mouvement de cette presse jusqu'à la fin de 1821.

---

1. Cf. L. Emblard, *Les imprimeurs et les journaux de Valence*, dans le *Bulletin de la société départementale d'archéologie et de statistique de la Drôme*, t. XXXVI, 1902, p. 52-56.
2. On trouvera quelques renseignements sur l'esprit public à Lyon dans une série de rapports militaires ou de police, Arch. nat., F⁷ 6650, dossier 93.
3. Pour la bibliographie de la presse lyonnaise, cf. Aimé Vingtrinier, *Catalogue de la Bibliothèque lyonnaise de M. Coste*, Lyon, 1853, 2 vol. in-8°, t. II, p. 557 et suiv., et S. Charléty, *Bibliographie critique de l'histoire de Lyon depuis 1789 jusqu'à nos jours*, Lyon, 1903, in-8°.

... Nous nous félicitons de n'avoir, pour cette fois du moins, qu'une tâche bien facile ; car depuis que nous sommes en fonctions, nous n'avons pas encore eu une seule ligne à retrancher dans les deux journaux de cette ville, savoir : le *Journal de Lyon* qui paraît trois fois par semaine et la *Gazette universelle* qui paraît tous les jours. Les propriétaires et éditeurs ne mettent presque dans leurs feuilles, pour tout ce qui a rapport à la politique, que des articles copiés ou extraits des journaux de la capitale. Ce qu'ils ajoutent sur Lyon ou sur les nouvelles du Midi et du Levant a toujours été rédigé jusqu'à présent avec une prudence qui n'a donné lieu à aucune censure.

Il se pourrait toutefois qu'il n'en fût pas ainsi, sans la loi qui établit de sages précautions contre cette tendance qu'avaient naguère les esprits vers une exaspération dangereuse. Déjà, vers le mois de mars, on voyait paraître dans notre ville un nouveau journal, sous le titre de *Semaine lyonnaise*. Il n'existe plus, mais il pouvait s'en établir d'autres qui, n'étant retenus par aucun frein, eussent fait ici plus de mal qu'ailleurs, à cause d'une immense population composée en grande partie d'ouvriers plus susceptibles d'être égarés.

Il existe à Lyon, comme dans beaucoup d'autres villes, un journal intitulé *Les petites affiches*, qui ne contient presque que des matières judiciaires, des annonces de ventes et diverses indications [1]......

Dans le premier rapport que nous avons eu l'honneur de vous adresser, le mois dernier, nous exposions n'avoir rien eu à retrancher jusqu'alors dans les deux journaux de cette ville. Depuis cette époque, il nous a paru prudent de supprimer quelques lignes de certains articles, de modifier quelques expressions dans d'autres, parce que ces divers articles, tels qu'ils étaient rédigés, nous semblaient impliquer tantôt des personnalités, tantôt des doutes sur la stabilité du Gouvernement français et de plusieurs autres Etats.

Tous les retranchements, toutes les suppressions que nous avons demandées ont été exactement observées par MM. les éditeurs des deux journaux soumis à notre censure [2]...

... Nous nous bornerons à vous exposer que, dans le mois d'octobre, nous n'avons eu que peu de passages à modifier ou à retrancher...

---

1. Rapport du 7 août 1820.
2. Rapport du 6 septembre 1820. Cf. le rapport d'octobre, rédigés dans des termes analogues.

... M. le Préfet nous a écrit quelques lettres pour nous engager à être plus sévères...; d'un autre côté, les rédacteurs de la *Gazette Universelle* ont dû vous adresser un exemplaire de leur journal du 27 octobre pour se plaindre de notre rigorisme dans la censure d'un article qu'on vous aura sans doute signalé [1]......

... Dans ce dernier mois, nous avons eu à faire quelques suppressions de phrases ou d'expressions qui nous paraissaient propres à aigrir certains esprits ; mais aucune de ces opérations ne nous semble valoir la peine de vous être communiqué, si ce n'est celle de l'article suivant que nous transcrivons tel qu'il était dans l'épreuve de la *Gazette universelle* de notre ville, avec les ratures que nous avons jugé convenable d'y faire.

Lyon, 2 février.

« Lorsque l'exécrable forfait du 13 février plongea la France dans « le deuil et la consternation, on s'étonna du silence que gardèrent le « lendemain les *journaux de la propagande*. Ceux qui croient au « patriotisme de certaines gens, à leur fidélité à la Charte comme à « leur amour à la famille royale pensèrent que leur plume était « tombée de leur main glacée d'effroi. Nous osâmes dire que leur « silence n'était pas celui de la douleur, et qu'avant de parler du crime, « ils attendaient *du Directoire jacobin* de savoir la couleur qu'ils « devaient donner au récit, pour altérer la vérité ou en rejeter l'odieux « sur les royalistes.

« En effet, peu après on lut avec indignation dans certaines feuilles « l'insinuation que Louvel avait peut-être vengé l'honneur d'un mari « outragé ou celui d'un soldat français. *La Renommée* disait que « l'assassin avait parlé à voix basse à la victime mourante. Toutes « s'accordèrent à accréditer que c'était un crime isolé.

« *Nos lecteurs peuvent se rappeler que notre article fut travesti, sottement critiqué, dénoncé à la France entière comme une calomnie et* « *qu'il nous exposa aux petites tracasseries d'une grande colère.*

« Un nouvel attentat, plus horrible encore, vient de menacer les « jours de notre auguste monarque [2]. Au bruit de l'explosion, Paris « est en alarmes, les magistrats accourent pour constater le crime... « Tous les journaux monarchiques s'empressèrent de répandre la

1. Rapport de novembre 1820.
2. Allusion à un attentat sans grande importance, commis au mois de janvier aux Tuileries.

« nouvelle de l'attentat, d'en manifester leur profonde horreur ; « d'autres feuilles gardent le silence ! Ce n'est que le surlendemain « qu'elles se bornent à copier les récits du *Moniteur*, de *La Quotidienne*, « du *Journal des Débats* et du *Drapeau blanc*. N'en doutons pas, bientôt, « ils nous apprendront que ce crime est une machination des roya- « listes... ; ils diront qu'il sera, comme le crime du 13 février, le pré- « texte de violer la Charte... ; ils soutiendront que c'est un crime isolé « qu'ils feindront de déplorer, *en attendant qu'ils puissent célébrer un* « *crime d'un succès plus heureux.* »

L'article fut transcrit, moins les phrases ou mots raturés.

La feuille du lendemain contenait la lettre suivante que nous laissâmes passer sans la moindre difficulté.

« A Monsieur le rédacteur de la *Gazette*.

« MONSIEUR,

« J'ai eu l'honneur de vous envoyer une note sur l'événement « du 27 janvier. Je m'aperçois qu'il a été tronqué et défiguré. Si c'est « de votre fait, je suis étonné de ce manque d'égards ; il valait mieux « ne pas l'insérer. Si c'est la censure qui a mutilé mon article, veuillez « m'en instruire ; je serais bien aise de soumettre mon manuscrit à la « Commission supérieure de censure.

« Quoiqu'il en soit, je désavoue l'article tel qu'il a paru ; veuillez, « en insérant cette lettre, rendre public mon désaveu.

« CH. C. »

Cinq jours après, M. le Préfet nous écrivit pour nous inviter à insérer dans le prochain numéro un article explicatif de ce qui s'était passé. Nous nous rendîmes auprès de ce magistrat et lui exposâmes les motifs de nos suppressions. Il en parut satisfait et il fut convenu de ne donner à cette petite affaire aucune autre suite [1]...

Depuis le 7 mars... les deux journaux de cette ville ont continué à mettre dans leurs feuilles de la prudence et de la mesure...

Malgré l'importance que les nouvelles ont acquises relativement aux royaumes des Deux Siciles et de Sardaigne, nous n'avons encore eu que très peu de modifications à apporter aux articles de ces journaux ; et, chaque fois que nous l'avons jugé convenable, les

1. Rapport du 7 mars 1821.

journalistes se sont empressés de seconder nos désirs. Aussi cette grande ville, qui a été souvent et qui pourrait être encore le point de mire des factieux, a conservé sa tranquillité, au milieu des agitations qui se sont fait sentir non loin de nous, et nous espérons conserver cet état de paix si nécessaire à notre commune.

L'un de nos journaux étant devenu plus intéressant parce que ses éditeurs ont pris le parti d'envoyer exprès chercher les feuilles à Paris, de manière qu'elles arrivent ici 24 heures avant le courrier ordinaire, nous avons reçu, le 20 mars, une lettre de M. le Préfet qui contenait une autre lettre de M. le Directeur général de l'administration départementale et de la police, sous la date du 19 de ce mois, par lesquelles on nous recommande une plus grande surveillance, attendu la célérité acquise par la *Gazette universelle*...

Nous croyons de notre devoir... de vous informer que les éditeurs de la *Gazette universelle* s'étant séparés, l'un d'eux conserve la propriété de cette feuille et la continue comme par le passé, tandis que les autres ont acheté l'ancien *Journal de Lyon et du Midi* [1] qui ne paraissait que deux fois par semaine, et que, depuis le jeudi 29 mars, ce journal paraît six jours de la semaine, comme la *Gazette universelle*, et, comme elle, fait venir les journaux de la capitale pour les avoir 24 heures avant le courrier [2].

C'était la première fois que des journaux de province se préoccupaient à ce point de la rapidité des informations. La police s'inquiéta de ce manège régulier [3]. Ce passage journalier des courriers, cette hâte d'atteindre l'étape parurent « singuliers et mystérieux [4] ». « La voiture ... marche aussi vite que la poste, écrivait le préfet de l'Allier au directeur de la police ; les conducteurs insistent pour être bien menés et souvent même, à ce qu'on affirme, une fois arrivés à Roanne où le pays inégal et montueux retarde leur course, ils envoient un courrier à franc-étrier à Lyon tout en continuant eux-mêmes leur route [5]. » Une

1. C'était le titre nouveau qu'il avait pris depuis le 29 mars, sous la direction de M. Frachet ; à partir du 7 novembre, il ajouta à son titre celui de *Précurseur*.

2. Rapport du 2 avril 1821.

3. Arch. nat., F^7 6916, dossier 8385.

4. Lettre du préfet de l'Allier au directeur de la police, 21 mars 1821, id.

5. Id.

surveillance active fut exercée, des perquisitions minutieuses opérées à chaque relai. Ce qui semblait surtout suspect, c'est que les frais d'une telle entreprise dépassaient sensiblement les revenus d'une modeste feuille provinciale : « La dépense est trop considérable, trop au-dessus des moyens d'un simple rédacteur de journal pour que le but réel soit d'obtenir seulement ce faible avantage [1]. » La *Gazette* possédait 2.000 abonnés à 64 francs ; en lui en accordant même le double, qu'elle pouvait à peine dépasser, elle arrivait à un revenu de 256.000 francs. Or le prix des courriers se montait en moyenne à 300 francs par jour [2]. Il fallait supposer que cette transmission rapide par voitures spéciales cachait quelque machination politique ou plutôt quelque opération financière, quelque spéculation d'une banque lyonnaise, pressée d'obtenir la première les résultats de la bourse de Paris [3].

Le *Journal de Lyon et du Midi*, pour soutenir la concurrence, avait été obligé d'organiser un service analogue [4]. La Commission signalait d'ailleurs l'hostilité commerciale qui régnait entre les deux feuilles lyonnaises :

Les deux journaux soumis à notre censure font paraître dans leurs feuilles une rivalité qui, jusqu'à ce jour, n'a rien offert de répréhensible à nos yeux. Nous croyons néanmoins apercevoir que le *Journal de Lyon et du Midi* n'a point encore adopté de couleur déterminée, en sorte que cette feuille nous semble exiger plus de surveillance. Celle de la *Gazette* montre toujours la même sagesse dans le sens du Gouvernement [5]......

Pendant le mois dernier, rien d'absolument dangereux ne nous a été présenté dans les deux feuilles soumises à notre censure. Cependant

---

1. Lettre du préfet de l'Allier au directeur de la police, 23 mars 1821, id.
2. Id. ; — lettre du préfet de Seine-et-Marne au directeur de la police, 23 mars 1821, id.
3. Lettre du préfet de l'Allier au directeur de la police, 25 mars 1821, id.
4. Arch. nat., id., pièces d'avril 1821 à février 1822.
5. Rapport du 2 mai 1821.

nous avons supprimé quelques articles et retranché des passages de plusieurs dans la feuille intitulée *Journal de Lyon et du Midi*...

... Nous croyons devoir ajouter que cette dernière feuille a adopté dès son origine et conserve un esprit d'indépendance et à la fois de versatilité qui donnerait lieu de penser qu'en général elle cherche plutôt l'effet que le droit sens, l'originalité que les convenances, ce qui doit la rendre et la rend pour nous un objet de surveillance particulier [1]......

Notre tâche a été plus pénible le mois passé que dans les mois précédents à l'égard du *Journal de Lyon et du Midi*, que nous avons déjà dépeint comme porté à insérer souvent des nouvelles apocryphes, tantôt dans un sens, tantôt dans un autre opposé. Croyant sans doute être bientôt délivré de la censure, il a encore été plus prodigue de ces sortes de nouvelles pendant le cours du mois de juin, en sorte que, malgré la sévérité dont nous sommes armés à son égard, il nous a plusieurs fois attiré des observations de M. le Préfet qui nous recommande d'être encore plus sévères. Il y a peu de feuilles dans lesquelles nous n'ayons eu quelques passages à retrancher. Nous allons vous en transcrire plusieurs qui vous feront connaître l'esprit dans lequel ce journal est rédigé.

Dans le numéro du 25 juin, après avoir exprimé le regret de ne pouvoir insérer en entier trois lettres de ses correspondants, il mentionne les deux premières, ainsi qu'il suit :

« La première nous était adressée par un de nos abonnés faisant « partie de la réunion qui a installé la nouvelle loge maçonnique « à Tarare ; il se plaint de la conduite de *M. le Curé de Saint-André-de-« Tarare qui a fait contre ces messieurs une sortie au moins inconve-« nante sur ce qu'ils avaient assisté à la messe, quand il les prétend « excommuniés.*

« La seconde, venant de l'Arbresle, a été écrite par un habitant de « cette ville, aussi appelant de la conduite de *M. le curé ou de son « vicaire au jugement de messieurs les grands vicaires, sur ce que, à « l'occasion de la fête patronale de Saint-Jean, ces pasteurs auraient « empêché les fêtes habituelles quoique fort innocentes* (ce sont des « courses de chevaux, des jeux d'adresse ou de force). Enfin, son « grand reproche est d'avoir refusé *le pain bénit et la musique offerte « par les jeunes gens pour la messe solennelle.* »

Nous avons cru devoir laisser les rédacteurs libres d'insérer les mots

1. Rapport du 3 juin 1821.

de ces deux articles que nous n'avions pas supprimés ; mais il nous a paru dangereux (surtout en ce moment où la religion est loin d'être assez honorée) de mettre ainsi le public dans la confidence des oppositions que le clergé croit devoir apporter au dérèglement des mœurs, et de donner à ces passages une couleur qui semble attribuer des torts, qui sont au moins incertains, à des ecclésiastiques qui jouissent à juste titre de la considération des gens de bien.

Dans la même feuille, sous le titre de *Correspondance de Paris*, était l'article suivant que nous avons supprimé en entier :

« La police prétend avoir découvert une *nouvelle conspiration*. « Elle a trouvé chez un particulier une *grande quantité d'uniformes* « semblables à ceux de la garde. Ils devaient, à ce qu'on pense, être « distribués aux *étudiants en droit et en médecine. La police observe* « *le plus profond silence à ce sujet*. Des agitateurs cherchent à faire « soulever *les ouvriers du faubourg Saint-Antoine*. Les cotons sont *déjà* « renchéris d'un sou par mètre. La police est sur le qui-vive pour « découvrir les chefs de cette conspiration qui n'est... *pour le moment* « d'une nature sérieuse, attendu que le pain est *encore à un prix rai-* « *sonnable* ; mais la continuation *du mauvais temps le fera hausser*, « et *c'est alors* que la *populace* témoignera son *mécontentement*, ou « suivant... de ces agitateurs. »

Nous copions cet infâme article si littéralement que les points remplacent les mots que nous présumons avoir été omis par erreur typographique. Les mots soulignés par nous peuvent faire juger combien il eût été dangereux de publier cet article et de quoi seraient capables un pareil journal et d'autres de cette espèce, si la censure était supprimée, comme l'insinue la même feuille du *Journal de Lyon et du Midi* dans son numéro d'hier...

... Quant à la *Gazette universelle*, nous n'avons pas eu à nous en plaindre ; elle marche toujours dans le sens du Gouvernement [1].

Puy-de-Dôme.

L'absence de toute feuille franchement libérale à Lyon avait permis au seul journal politique du Puy-de-Dôme [2], *L'Ami de la Charte*, de se répandre dans ces régions centrales. Le ton vio-

1. Rapport du 2 juillet 1821.

2. Le *Journal du Puy-de-Dôme*, cité par *Le Censeur*, 2 juin, *Le Moniteur*, 13 juillet 1820, n'était qu'une sorte de gazette officielle de la préfecture, presque sans caractère politique.

lent qu'il affectait lui avait donné un retentissement assez lointain [1]. Il s'appuyait uniquement sur la classe commerçante et financière de Clermont-Ferrand qui formait une opposition puissante et qui contenait les influences religieuses prédominantes dans les campagnes [2]. Le pays cependant restait calme [3].

Une Commission de censure avait été prévue pour surveiller *L'Ami de la Charte* [4], mais elle ne se réunit qu'au mois de juillet [5] et n'expédia aucun rapport à Paris. C'est le procureur-général de Riom qui se chargea de dénoncer à plusieurs reprises la propagande et l'activité du journal révolutionnaire. « Déjà, écrivait-il le 13 avril 1820, *L'Ami de la Charte*, qui n'est que l'écho des journalistes d'une certaine couleur, avait annoncé le projet de souscription nationale [6], qui heureusement n'a fait aucune sensation. J'en crains davantage d'un écrit de 8 pages de M. Kératry, député du Finistère, et qu'il fait répandre parmi nous avec profusion [7]. » « La secte [libérale] nombreuse, ajoutait-il le 14 septembre 1820, parle en général avec mépris des homme dévoués à la cause royale. Un certain journal, d'un très mauvais esprit, fait un recueil de toutes les mauvaises plaisanteries qu'il trouve dans les autres journaux de cette couleur, mais ses associés sont si gauches et si maladroits que j'espère bientôt voir disparaître leur feuille. La dépense est infiniment au-dessus de la recette [8]. »

Cher.

C'était encore une feuille libérale, le *Journal du Cher*, qui représentait seule à Bourges la presse politique. Elle avait acquis dans

1. Cf. les rapports de la Commission de Grenoble.
2. Rapport du procureur-général de Riom, 14 septembre 1820, Arch. nat., BB[30] 238.
3. Id., 13 juin 1820, id.
4. Cf. p. 71.
5. Lettre d'un éditeur de Clermont-Ferrand au Conseil de surveillance, 10 juillet 1820.
6. Cf. p. 29.
7. Arch. nat., BB[30] 238.
8. Id.

le département, par son allure décidée, une influence assez profonde que la Commission de censure (MM. Bouchard, bibliothécaire, Grangin, Mougin) s'empressa de combattre activement. La résistance de l'éditeur-responsable Souchois fut si vive que le procureur-général en fut réduit à intenter des poursuites. Le rapport de la Commission du 24 juin expose le détail du procès :

Il n'existe dans le département du Cher d'autre écrit périodique que le *Journal du Cher* dont l'éditeur responsable est le sieur Souchois, imprimeur. Ce journal paraît deux fois la semaine. Le sieur Souchois a rempli les formalités qui lui étaient prescrites par la loi. Il a toujours soumis son journal à la Commission avant de le rendre public.

La Commission avait convenu avec lui qu'il apporterait les deux premières épreuves, dont l'une serait signée de lui pour rester entre les mains de la Commission, et l'autre, visée et signée par la Commission, lui serait remise pour se conformer aux changements qui pourraient avoir été opérés par la censure.

Le sieur Souchois s'était toujours conformé aux décisions de la Commission jusqu'à l'époque du 13 mai dernier où il se permit d'insérer dans sa feuille n° 428 un article que la Commission avait cru devoir retrancher comme contraire au respect dû à la loi du 31 mars dernier.

Cette infraction donna lieu à M. le Préfet, auquel la Commission de censure fait toujours remettre le double de l'épreuve de chaque numéro..., de transmettre cette épreuve à M. le Procureur du roi près le tribunal de première instance...

Le sieur Souchois, ayant été appelé en jugement devant le tribunal de première instance, fit refus de produire l'épreuve censurée. Il soutint que l'épreuve remise par M. le Préfet à M. le Procureur du roi, étant la seule pièce produite contre lui et ne portant aucun caractère légal, ne pouvait établir de contravention de sa part.

Ce moyen de défense engagea le tribunal à appeler les censeurs pour déclarer si l'article indiqué comme censuré dans la feuille transmise par M. le Préfet avait été rayé par eux dans celle remise au sieur Souchois...

Sur l'affirmation des censeurs, le tribunal, par jugement du 24 mai, condamna le sieur Souchois à 200 francs d'amende, à un mois de prison et aux frais du procès comme convaincu de contravention à la loi du 31 mars.

Le sieur Souchois ayant appelé de ce jugement devant la cour royale de Bourges, cette cour l'a confirmé par arrêt du 17 juin. L'éditeur s'est pourvu en cassation.

La Commission de censure, par l'examen qu'elle a fait des différentes feuilles du *Journal du Cher*, depuis la loi du 31 mars, a eu lieu de remarquer une persévérance constante de la part des auteurs à discréditer dans l'opinion publique les lois qui ont été faites dans la session actuelle des Chambres relativement aux complots séditieux, à l'établissement de la censure des journaux et aux modifications de la loi des élections.

Cette obstination se manifeste :

1° dans l'affectation que met le rédacteur à insérer, dans leur entier, les discours faits à la Chambre des députés par le parti opposé à ces lois...

2° Dans les réflexions inconvenantes que le rédacteur s'est quelquefois permises, même après la publication des lois dont il est question

La Commission... a toujours eu soin de retrancher toutes les réflexions qu'elle a jugées contraires au respect dû aux lois adoptées et sanctionnées [1]......

Dès le 3 juin, le procureur-général avait insisté vivement pour obtenir la suspension de la feuille libérale :

... *Le Journal du Cher* a été, depuis la loi du 9 juin 1819, jusqu'au rétablissement de la censure, l'une des feuilles les plus hostiles qui se soient imprimées en France. Il a singulièrement contribué à pervertir l'esprit public dans ce département, et, quoiqu'il ne puisse pas s'expliquer aujourd'hui avec autant de clarté qu'autrefois, il lui est néanmoins facile d'employer un langage assez enveloppé pour désarmer les censeurs et assez dangereux pour entretenir les dispositions fâcheuses qu'il a fait naître.

Quels que soient les événements qui se préparent, le département du Cher étant de la quatrième série, sa députation ne peut manquer d'être renouvelée cette année : il serait très avantageux que cette feuille se trouvât suspendue au moment des élections ; sans quoi la censure n'empêchera point que ce ne soit une arme très dangereuse dans les mains de la faction dont elle est l'organe.

Suspendre cette feuille, ce sera très probablement en déterminer

---

1. Rapport du 24 juin 1820.

la chute totale ; car elle ne se soutient qu'avec beaucoup de difficultés. Peut-être même aurait-elle déjà cessé de paraître sans les sacrifices que font ses rédacteurs [1]......

Portalis, en transmettant ces renseignements au Conseil de surveillance, renchérit encore sur les termes du procureur de Bourges. Il représenta le *Journal du Cher* comme « le dépositaire et l'organe des doctrines les plus pernicieuses et des agressions et calomnies les plus violentes contre l'autorité [2] ». Le Conseil cependant ne se laissa pas convaincre. Deux fois, avant et après le jugement, il déclara, suivant la ligne de conduite modérée qu'il s'était tracée, qu'il n'y avait pas lieu de prononcer la suspension [3]. Le *Journal du Cher* put ainsi échapper au sort de *La Renommée* à Paris.

Côte-d'Or.

Dans la Côte-d'Or, le mouvement de 1818-1819 avait fait naître, à ses débuts, une feuille politique d'inspiration libérale, le *Journal politique et littéraire de la Côte-d'Or* ; mais elle n'avait pris, dans la région, ni extension ni influence notables. L'unique rapport de la Commission de censure établie à Dijon (MM. B. Jolivot, Tour,...), témoigne bien de cette inertie de la presse locale.

Nommés membres de la Commission de censure pour les journaux et écrits consacrés aux matières politiques dans le département de la Côte-d'Or, nous nous sommes empressés de remplir les fonctions qui nous ont été déléguées, en nous faisant représenter, avant publication, chaque numéro de la seule feuille soumise à la censure dans ce département, sous le titre de *Journal politique et littéraire de la Côte d'Or*, par

1. Lettre à Portalis.
2. Lettre du 6 juin 1820.
3. Procès-verbal des séances du 6 et du 27 juin 1820.

Carion, rédacteur responsable, in-8° de 8 pages [1]. Ce journal paraît trois fois la semaine, les dimanche, mercredi et vendredi. Les six numéros qui nous ont été soumis jusques à ce jour, quoique conservant la couleur très prononcée adoptée par le rédacteur, ne nous ont offert que trois petits articles ou fragments d'articles que nous avons jugé à propos de supprimer, parce qu'ils avaient trait soit à des personnalités, soit à des sujets plus propres à aigrir les esprits qu'à les rapprocher. Le sieur Carion, rédacteur, pénétré lui-même de la justesse de nos décisions, s'est empressé de s'y conformer sans présenter aucune espèce de réclamation. Aucun numéro ne paraît sans être apostillé de notre visa [2]...

Aube.

Avec l'Aube commence, vers l'est, une région où l'opinion libérale s'exprimait avec plus d'audace ; la presse politique y comptait quelques organes importants qui favorisaient les progrès de la résistance. Le premier, qui s'imprimait à Troyes, *Journal politique du département de l'Aube*, menait, sous la direction du rédacteur Cartier-Vinchon, une opposition assez active. La Commission chargée de le surveiller eût quelque peine à se constituer ; en octobre seulement, on parvint à réunir les trois membres prévus : Coquet-Portales, Langlois, Charmantier. Jusqu'en juillet 1821, ils exercèrent sur la feuille libérale une censure d'une minutie rigoureuse qui montre bien quelles entraves put apporter au développement de la presse provinciale le régime de mars 1820.

Nous avons l'honneur de vous prévenir que la Commission de censure, établie à Troyes par arrêté de S. E. le ministre de l'Intérieur, du 9 août dernier, a sur-le-champ remplacé la Commission provisoire organisée par M. le Préfet. Dès cette époque, elle aurait désiré se

1. Fondé en février 1818. Il existait encore deux autres feuilles à Dijon : *Journal de Dijon et de la Côte-d'Or*, depuis 1811 (Bibl. nat., Lc[11], 309) et *Petites affiches de l'arrondissement de Dijon*, depuis 1814 (Bibl. nat., Lc[10], 310).
2. Rapport du 6 mai 1820.

mettre en rapport avec le Conseil de surveillance, mais la démission de l'un de ses membres, à la place duquel il n'a pas encore été nommé, a suspendu sa correspondance...

... Dans ses opérations, la Commission suit avec la plus scrupuleuse exactitude tous les détails du *Journal politique de l'Aube* et elle voit avec satisfaction que le sieur Cartier-Vinchon, rédacteur, s'amende et qu'il fait des efforts pour se conformer au vœu de la loi. Jusqu'ici elle n'a eu à écarter qu'une citation plus indiscrète que répréhensible, à faire disparaître des expressions trop hasardées parce qu'elles renfermaient des doubles sens, enfin à retrancher certaines phrases qui pouvaient donner ouverture à des interprétations malignes ou attaquer, quoique indirectement, le ministère. Elle a manifesté au journaliste son intention bien formelle de ne jamais excéder sa mission, mais elle lui a en même temps annoncé qu'elle la remplirait avec la plus sévère impartialité. Elle lui a fait pressentir qu'il serait bien désagréable pour lui d'être continuellement frappé par la censure et de voir ses articles ou mutilés ou entièrement supprimés. Les conseils qui lui ont été donnés ne sont pas restés sans effet [1]...

La Commission de censure de l'Aube est entièrement organisée et en pleine activité...

Un fait relatif à M. Casimir-Périer, député, a fait l'objet d'un article du *Journal politique du département de l'Aube*. Comme *fait*, la censure a cru devoir le laisser insérer ; mais bientôt l'autorité locale s'est élevée contre cette insertion en dénonçant l'article sur le fondement qu'il était inexact. M. le Préfet nous a alors et par lettre invités à en faire faire la rectification. Cette invitation ou plutôt cet ordre a éprouvé un obstacle de la part de l'éditeur du journal qui a prétendu qu'il ne devait pas déférer à notre réquisition et que l'ordre devait lui être transmis directement et sans intermédiaire. Cependant l'éditeur, malgré son refus par écrit, s'est décidé à s'exécuter et à insérer la rectification demandée, dès l'instant où la Préfecture lui a garanti les frais d'impression...

... Nous avons demandé à l'éditeur qu'il nous remît ses articles au moins 24 heures avant la signature ; il prétend que nous devons être à jour et heure avec lui ; nous n'avons pas partagé cette prétention, seulement nous l'avons laissé libre de choisir les jours qui lui conviendraient pous soumettre ses articles à l'examen. Enfin nous avons exigé de l'éditeur et *gratis* un exemplaire du journal... Un refus

---

1. Rapport du 17 septembre 1820.

formel a été la réponse du journaliste qui entend se faire payer l'abonnement [1]...

Le Conseil de surveillance, appelé à trancher le différend qui s'était élevé entre les censeurs et le journaliste, approuva les exigences de la Commission. « Le Conseil a pensé, dit le procès-verbal de la séance du 24 octobre, qu'il était juste et raisonnable que la Commission ait le temps moralement suffisant pour remplir les devoirs importants dont elle est chargée. L'autorité administrative fera aisément cesser les légères discussions qui s'élèveront à ce sujet. Le Conseil a pensé enfin que la Commission de censure était fondée à exiger que l'éditeur lui remît *gratuitement* un exemplaire du journal ; il est en effet impérieusement nécessaire que la Commission soit mise en état de vérifier si ses opérations sur l'épreuve ont été exécutées. »

Le mois dernier s'est écoulé assez tranquillement malgré les circonstances. Cependant nous devons déclarer que l'éditeur du journal, un peu trop fortement prononcé dans sa couleur, a de temps en temps subi la loi de nos examens. Certains articles sur les élections ont été entièrement supprimés. Des réflexions déplacées, des allusions perfides, des rapprochements inexacts ont disparu de sa feuille. Enfin nous en avons éliminé des parallèles insidieusement tracés qu'il eût été dangereux d'offrir aux ennemis de notre repos.

La sévérité constante que nous avons déployée nous a fait connaître que le journaliste savait céder et qu'il saurait se renfermer dans les limites que la loi lui a tracées...

Une ordonnance de S. E. le ministre de l'Intérieur du 16 de ce mois a changé la composition de notre Commission. M. Voithier, docteur en médecine à Troyes, remplace M. Coquet-Portales [2]...

Le journaliste de l'Aube a encore, dans le courant de ce mois, éprouvé l'action de la censure. Quelques traits de malice libérale lui ont mérité d'assez fortes suppressions qu'il continue d'indiquer à ses lecteurs par

1. Rapport du 13 octobre 1820.
2. Rapport du 28 novembre 1820.

des barres, des lacunes, des points, etc. Nous l'avons invité à ne plus user de ces petites ruses politiques propres à entretenir l'inquiétude et l'agitation dans les esprits. Il n'emploie plus que quelques points. Nous en avions parlé à M. le Préfet qui nous a assuré qu'il avait écrit à S. E. pour lui en donner connaissance et qu'il n'avait point eu de réponse.

Nous venons aussi de lui signifier de soumettre à notre censure tous les articles indistinctement qui composent ses numéros. Il avait cru pouvoir en affranchir tous ceux qu'il empruntait des journaux tant indigènes qu'étrangers. Ne voulant point causer la mort de son journal par trop de sévérité, nous avons eu recours à un moyen terme. Il s'agit de soumettre une épreuve à l'un de nous ; ainsi il pourra, peu d'heures après l'arrivée de la poste, livrer son travail à l'impression.

Régenter les députés par des réflexions dont le sens détourné pouvait laisser du louche sur les intentions du côté droit ; donner des signes d'humeur à l'occasion d'un jugement de la Cour d'assises de l'Aube qui vient de condamner un maire de Brienne la Vieille pour des propos séditieux tenus à deux officiers dans une auberge (ce maire est un capitaine en retraite) ;... telles sont les inconvenances dont la Commission a fait justice [1]...

Notre journaliste ne nous a presque rien donné de son cru sur la politique dans le courant de janvier.

Un seul article assez long et assaisonné d'hérésies libérales a été entièrement rejeté. Au bas de cet article, on lisait *Revue encyclopédique des journaux*. Voilà la première fois que nous voyons cette revue. Le hasard a fait découvrir à l'un de nous que l'article en question avait pour auteur un personnage qui prend le titre d'homme de lettres et qui a bien mérité celui d'agent de la faction par ses menées et son opuscule anonyme lors des dernières élections.

Le journaliste emploie toujours la ruse. Il vient de donner un long article où sont accumulées toutes les flatteries que les orateurs du côté gauche ont adressées à la glorieuse cocarde. Il glisse à peine sur les nombreux désordres dont elle fut le signal ; et pour laisser les lecteurs de sa couleur dans le ravissement, il le termine par la prosopopée du général Tarayre. Nous avions exigé qu'il rapportât dans son numéro suivant la sage réplique de M. le Garde des sceaux ; mais

1. Rapport du 30 décembre 1820.

il s'est borné, comme à regret, à citer quelques phrases des discours de M. Dudon et du ministre des Affaires étrangères [1].

Nous vous serons obligés de nous mander le plus tôt possible, si nous sommes en droit de l'empêcher d'arranger ses articles de manière à mutiler les discours du côté droit et à les priver de leurs traits victorieux. Censurons-nous les formes comme les choses ? Nous le pensons [2].

Le Conseil jugea cette fois que les exigences de la Commission dépassaient les termes de la loi. La réponse qu'il fit, dans le procès-verbal de la séance du 13 mars, précise quelques points des attributions des censeurs : « Les journalistes doivent être les historiens fidèles des débats publics qui ont eu lieu à la Chambre des députés, sans se permettre de dénaturer en aucune manière les expressions des orateurs, et..., lorsqu'ils se renferment dans cette limite, ils sont à l'abri de tout reproche. Si au lieu de rapporter en entier les discours de ces orateurs, le journaliste se borne à les retracer en *substance* par la citation de quelques passages détachés, la Commission doit sentir facilement que la fidélité des citations est la seule chose qu'on peut exiger de lui et que si le choix en appartenait au censeur, ce ne serait plus le journaliste mais bien le censeur qui deviendrait le véritable rédacteur de l'article et que cette mutation dans les rôles ne serait ni dans l'esprit ni dans la lettre de la loi du 31 mars 1820. »

Notre rapport sur les faits et gestes de notre journaliste appelle à peu près les mêmes reproches et amène la même critique. Il s'amende bien lentement. Aujourd'hui des phrases équivoques, des faits hasardés, des nouvelles puisées on ne sait où. Encore, s'il voulait, ainsi que nous l'y avons invité, suivre littéralement les débats alternatifs des Chambres ! Mais il lui convient souvent de mettre en oubli les discours du côté droit pour donner entièrement et exclusivement à gauche ; il nous avait cependant promis plus de mémoire et moins d'omissions ;

1. Allusion à une discussion orageuse soulevée, à propos d'une pétition, à la séance du 7 février 1821 de la Chambre des députés.

2. Rapport du 15 février 1821.

mais comptez sur la parole d'un journaliste ! Aussi souvent nos visa sont-ils apostillés de sévères admonestations. Il en tient compte une première, une seconde fois ; mais la troisième le retrouve en défaut. Plaise à Dieu qu'il ne meure pas dans l'impénitence finale ! Au moins ce ne sera pas notre faute ; il sait avec quel zèle nous travaillons à la conversion du pécheur et nous nous plaisons à ne pas désespérer.

Nous ne vous dissimulerons pas que notre surveillance ne soit pour lui la tâche la plus onéreuse et que ses dignes partisans ne la souffrent pas avec plus de résignation que lui ; mais ils perdront patience et sauront enfin se persuader que la profession des sages doctrines et leur propagation pourront seules les affranchir d'un joug que l'intérêt social a dû leur imposer......

Echantillon de quelques phrases du journaliste de l'Aube.

Il parle du spectacle : « Mais quand sous le nom d'un directeur « breveté on vient impunément salir le théâtre en dépit du goût, du « bon sens, de la littérature *et de la morale publique*, il nous semble « que la Société est intéressée *et que l'autorité doit intervenir pour le* « *maintien de ses droits.* »

Plus bas : « Nous sommes aujourd'hui exposés à ce trafic progressif « parce que *l'autorité* chargée spécialement de veiller au maintien des « droits et des privilèges acquis à la Société n'est point encore inter- « venu pour faire *cesser ces abus et mettre chacun à sa véritable* « *place.* [1] »......

Haute-Marne.

Le *Courrier de la Haute-Marne*, « une des meilleures gazettes départementales », d'après le témoignage du *Censeur européen* [2], resta jusqu'en juin surveillé par un unique censeur provisoire très modéré [3]. Mais cet avantage ne dura pas. Dès la première

1. Rapport du 15 juin 1821. Cf. l'opinion du Conseil de surveillance sur ce rapport : « Le ton de ce rapport a paru au Conseil en général un peu léger et il pense que la Commission pourrait être rappelée à la gravité de ses fonctions. » Procès-verbal de la séance du 26 juin.

2. 2 juin.

3. *Id.* — Pour la bibliographie de la presse en Haute-Marne, cf. J. Carnandet et F. A. Hesse, *Recherches sur les périodiques de la Haute-Marne*, Paris, 1861, in-8°.

semaine de juin, une Commission fut instituée (Govinez, Jolly, Duval de Fraville qui refusa et ne fut pas remplacé) et à la tolérance du début succéda une sévérité journalière.

Les journaux établis dans ce département sont au nombre de deux. Ils sont imprimés à Chaumont, l'un par le sieur Mion-Bouchard, l'autre par le sieur Coujot, et paraissent le samedi de chaque semaine, le premier sous le titre de *Journal politique et littéraire du département de la Haute-Marne* [1], le second sous celui de *Courrier de la Haute-Marne* [2].

Le *Journal politique* est écrit dans le sens de la majorité de la Chambre des députés et dans celui du ministère dont il rapporte les discours autant que le permet l'étendue de la feuille.

Le *Courrier* écrit dans un sens opposé : il s'attache principalement à rapporter les discours des orateurs qui ont embrassé le parti de la minorité et à recueillir tous les faits qui lui paraissent de nature à favoriser leurs opinions.

Ces deux journaux au surplus, dans tout ce qu'ils contiennent de relatif à la politique, ne sont, à peu de choses près, que des extraits des journaux de la capitale... Dans ces circonstances et par la nature même des choses, la censure de ces deux feuilles ne peut guère avoir qu'une importance secondaire ; cependant le *Courrier* paraît y en attacher beaucoup puisqu'il a soin d'indiquer par des points les articles ou passages qui ont été censurés.

Journal politique.

La Commission a successivement examiné les numéros 51, 52, 53, 54 et 55 du *Journal politique* qui ont paru les 3, 10, 17, 24 juin dernier, et 1er juillet du présent mois. Aucun des articles insérés dans cette feuille ne lui a paru susceptible de censure.

Courrier de la Haute-Marne.

Examen fait des feuilles du *Courrier* qui ont paru aux mêmes époques sous les numéros 50, 51, 52, 53, et 54, la Commission a cru devoir en autoriser successivement la publication, en exceptant toutefois deux articles censurés dont le détail suit :

---

1. Réorganisé en 1819, avec comme rédacteurs De Gondrecourt, Gilbert et Robert ; J. Carnandet et F. A. Hesse, *ouv. cité*, p. 42.
2. Créé en 1819 avec Gérard pour rédacteur propriétaire, *id.*

1° Feuille du 3 juin. Le rédacteur, en publiant le nom des membres de la Commission de censure, a accompagné cette publication d'un éloge que la Commission n'a pas cru devoir accepter. Les lignes rayées ont été, lors de l'impression, remplacées par des points.

2° Feuille du 17 juin. Le rédacteur, dans un article intitulé *Mélanges*, a annoncé que la Chambre des députés avait adopté la loi sur les élections ; puis, dissertant sur cette loi qu'il considère, d'après l'expression d'un orateur de la capitale, comme étant encore dans le domaine de l'opinion publique tant qu'elle n'a point été adoptée par les autres pouvoirs qui concourent à la législation, il la présente comme vicieuse, comme une monstruosité politique ; il espère enfin qu'elle ne sera pas adoptée par la Chambre des Pairs.

Cet article a paru tout à la fois inconvenant et dangereux ; inconvenant, en ce qu'il portait atteinte à la dignité des Chambres ; dangereux en ce que, d'une part, il tendait à renouveler les discussions orageuses qui s'étaient élevées au sujet de cette loi et à faire revivre des prétentions écartées par une majorité respectable, que, de l'autre, il pouvait inspirer la crainte de nouveaux troubles à des esprits à peine rassurés sur les suites des événements encore récents que la discussion avait amenés [1]......

Meurthe.

Nancy possédait une feuille libérale assez entreprenante, le *Journal de la Meurthe*, qui inquiéta, dès sa réunion, la Commission de censure (MM. Gironde et..., jusqu'en octobre 1820, Gironde, Nala de Charles, Payen depuis 1821). Mais ici les censeurs adoptèrent pour la réduire une tactique particulière : ils s'adressèrent à l'éditeur-propriétaire du journal et l'invitèrent à rechercher un rédacteur modéré, s'il ne voulait pas voir les suppressions continuelles ou les poursuites judiciaires compromettre son entreprise. Les rapports de la Commission, bien que généralement laconiques, font assister à ces transformations

1. Rapport du 5 juillet 1820. — Les rapports suivants, 4 août, 2 septembre, 10 novembre, 16 décembre 1820, 10 janvier, 10 février, 12 mars, 9 avril, 11 mai, 12 juillet, 3 août 1821, ne sont qu'une longue énumération de suppressions de détail faites au *Courrier*.

successives en quelques mois de la gazette lorraine et, malgré les efforts de l'éditeur, ils laissent apercevoir la persistance du sentiment libéral.

Les membres de la Commission de censure soussignés voudraient pouvoir dire que le journal de ce département, remplissant sa destination, sert à propager la lumière et les découvertes, l'amour de la paix et la soumission aux autorités, l'attachement au Gouvernement du Roi et à son auguste famille.

Mais comme ils doivent la vérité tout entière, ils ne dissimuleront pas qu'il laisse beaucoup à désirer et beaucoup trop à reprendre.

S'attachant de préférence à ce qui peut produire ou entretenir un libéralisme outré, c'est dans cet esprit qu'il est rédigé et de manière à exalter les têtes et à perpétuer les ressentiments.

C'est dans les journaux les plus prononcés de ce parti qu'il puise de préférence ses articles et qu'il y choisit, avec une intention manifeste, ce qu'il y a de plus véhément, de plus capable de retarder cet oubli, cette union si fort recommandée par notre bon roi, si nécessaire au repos et au bonheur de la France.

Il est inutile de faire observer que les retranchements que fait la censure ne tempèrent que faiblement la dangereuse influence d'un tel journal.

Nous devons pourtant ajouter, à la décharge de l'éditeur, qu'il nous a promis que dorénavant on aurait moins à se plaindre et qu'il nous a assuré que déjà il aurait changé de rédacteur, s'il n'était pas lié par un traité qu'il ne peut rompre sans une perte notable [1]...

La Commission de censure, pendant le mois qui vient de s'écouler, n'a eu que peu de retranchements à faire à un petit nombre des numéros du *Journal de la Meurthe* qui lui ont été soumis. La plus grande partie a été admise sans qu'il y ait lieu à rejeter aucun article...

Le rédacteur semble toujours affectionner parmi les journaux de Paris, dont le sien ne peut être considéré en général que comme un extrait, ceux qui sont portés à s'écarter de la modération...

L'éditeur est, au reste, animé d'un très bon esprit ; il a tenu compte des observations qui lui avaient été faites et il n'a pas été sans influence sur la couleur du journal qui, ce mois-ci, a été moins prononcée [2]...

---

1. Rapport du 30 juin 1820.
2. Rapport du 2 août 1820.

Les membres de la Commission de censure du département de la Meurthe ne peuvent que témoigner leur satisfaction de voir enfin régner dans le journal de Nancy l'esprit de paix et de modération qui devrait être celui de toute la France. Ils espèrent que le nouveau rédacteur continuera à marcher dans la même voie et que désormais leur tâche sera aussi agréable qu'elle a été pénible auparavant [1].

Les censeurs du *Journal de la Meurthe*, qui depuis longtemps avaient applaudi à l'impartialité et à la sagesse du rédacteur, ont remarqué, dans le cours du mois de février, qu'il ne s'était pas toujours tenu dans les bornes convenables et convenues et qu'il avait montré une tendance répréhensible à favoriser un certain parti.

Cependant, après avoir été averti, il est rentré dans la bonne voie et les derniers numéros ont prouvé qu'il avait entendu la voix de la raison ou de l'intérêt [2]...

Les membres de la Commission de censure soussignés ont vu avec peine que, dans plusieurs numéros du mois de mars, le rédacteur du journal de Nancy a montré une partialité condamnable... Ils ont remarqué que les discours de l'opposition étaient analysés avec l'intention d'en faire ressortir toute la force ou l'éclat tandis que les discours des ministres ou de ceux qui ont parlé dans leur sens étaient tronqués avec une affectation frappante.

L'éditeur à qui ces remarques ont été communiquées a promis de changer encore une fois de rédacteur si, contre ses engagements, il continuait à se conduire dans le même esprit [3].

Les membres de la Commission de censure du département de la Meurthe n'ont eu qu'à se louer du bon esprit avec lequel le journal de Nancy a été rédigé pendant le cours du mois dernier. Le nouveau rédacteur leur a paru doué de la sagesse et de la modération convenables à ses fonctions. Ils ont lieu d'espérer que l'éditeur ne sera pas obligé de recourir une quatrième fois à une autre plume [4].

1. Rapport du 2 octobre 1820.
2. Rapport du 4 février 1821.
3. Rapport du 1er avril 1821.
4. Rapport du 2 juin 1821.

Moselle et Bas-Rhin.

Dans les départements frontières, la Moselle et le Bas-Rhin, l'existence de quelques centres industriels, la présence de garnisons militaires entretenaient, depuis le début de cette crise, un véritable foyer d'agitation. Mais l'effervescence, au lieu d'éclater au grand jour, avait pris de bonne heure une allure plus secrète, une forme de conspirations, de conciliabules révolutionnaires. La masse de la population d'ailleurs, modérée d'inclination, restait étrangère à ce mouvement. Au début de 1820, les libéraux actifs avaient essayé d'organiser une propagande plus ouverte. Ils avaient fondé à Strasbourg, sous la direction d'un certain Marchand, républicain décidé que l'on retrouvera plus tard mêlé aux complots de 1822[1], un journal quotidien, *Le Patriote alsacien*. Plusieurs articles violents, publiés avant la loi du 31 mars, avaient été poursuivis comme séditieux[2]; l'un surtout, intitulé *Le bon père*, mettait en cause Louis XVIII et toute la famille royale[3]. Sur un mandat du procureur-général de Colmar, dès le 7 avril, des perquisitions furent opérées au domicile de Marchand et, le 8, il fut mis lui-même en état d'arrestation[4]. Vers la fin d'avril seulement on consentit à lui accorder la liberté provisoire[5]. L'affaire passa devant la cour d'assises de Colmar, le 15 juin, et Marchand fut acquitté[6]. Durant toute cette instruction, *Le Patriote alsacien* avait cessé de paraître. Les libéraux perdaient ainsi l'unique organe d'action qu'ils possédaient en Alsace. Des autres feuilles locales, le *Journal de la Moselle*[7],

---

1. Rapport du procureur-général de Colmar, janvier 1822, Arch. nat., BB[30] 240.
2. *Le Drapeau blanc*, 15 avril.
3. L'article est publié dans *Le Drapeau blanc*, 21 juin.
4. *Le Drapeau blanc*, 13 avril; — *La Renommée*, 14 avril.
5. *La Renommée*, 24 et 29 avril.
6. Cf. C. Marchand, *Procès du Patriote alsacien*, Strasbourg, 1820, in-8° (Bibl. nat., Lb[48], 1679).
7. Cité par *Le Constitutionnel*, 13 avril, et *La Renommée*, 1er mai.

L'Abeille de la Moselle [1], le *Journal de Metz* [2], le *Courrier du Bas-Rhin* [3], la dernière seule, dont la fondation remontait à 1787, avait une valeur politique. Elle se maintenait dans une attitude modérée mais toutefois indépendante. Les rapports de la Commission de censure de Strasbourg (MM. Vigneron, juge, Matter, professeur d'histoire au collège royal, Percelat) s'efforcent de préciser les nuances qui distinguent la rédaction du *Courrier* et qui expriment bien, dans son ensemble, l'opinion moyenne des populations alsaciennes :

1. Il existe dans le département du Bas-Rhin un seul journal imprimé à Strasbourg, intitulé le *Courrier du Bas-Rhin*.

2. La censure exercée sur le *Courrier du Bas-Rhin* depuis la loi du 31 mars, d'abord provisoirement par le Conseil de préfecture, ensuite par la Commission, n'a eu à réprimer aucun fait, aucune opinion contenus dans ce journal.

3. La Commission n'ignore pas, mais elle se fait un devoir d'ignorer, qu'antérieurement à la loi du 31 mars, quelques articles peu mesurés, provenant des collaborateurs d'un second ordre, ont trouvé place dans le *Courrier du Bas-Rhin*. Ces articles ne portaient, au reste, nullement la trace de l'exaspération d'un parti.

4. Le journal de Strasbourg se compose d'articles empruntés aux feuilles de Paris et de l'Allemagne, censurées les unes et les autres avant de lui parvenir ; il donne quelquefois, sous la date de Strasbourg, des nouvelles peu étendues sur des intérêts locaux.

5. Depuis la création de la Commission, les articles empruntés aux journaux de Paris n'ont guère concerné que les séances des Chambres ; ceux qu'on a tirés des journaux d'Allemagne ont été peu nombreux et peu importants ; les articles de Strasbourg contenaient le voyage de S. A. R. Mgr le duc d'Angoulême, des dépêches télégraphiques et des discours prononcés à la tribune de la Chambre des députés, insérés à la demande de l'autorité supérieure.

6. La tendance morale du *Courrier du Bas-Rhin* se reconnaît dans le choix ou dans les extraits qu'il fait des discours des députés ; on remarque dans ce choix un penchant prépondérant pour les opinions constitutionnelles.

---

1. Cité par *Le Censeur européen*, 2 juin.
2. Cité par le *Journal de Paris*, 9 mai.
3. Cf. Hatin, *Bibliographie*..., p. 90.

7. Le succès de ce journal dépend de cette marche. Des intérêts positifs, l'état de possession des biens dits nationaux, la diversité des cultes, toutes les habitudes sociales, tous les goûts des Alsaciens leur commandent l'attachement à la monarchie établie par la Charte. Leur vie laborieuse, leurs mœurs pacifiques donnent peu de prise aux intrigues de l'esprit de parti. Le fanatisme politique est étranger à l'Alsace. Les opinions constitutionnelles de ses habitants se distinguent par des nuances délicates de ce qu'on appelle ailleurs du même nom. Les hommes de l'une ou l'autre opposition, dont le nombre est d'ailleurs fort petit, ont dans ce pays plus de modération qu'ailleurs.

8. Le *Courrier du Bas-Rhin*, dont le débit se borne à peu près aux deux départements de l'Alsace, y est assez répandu ; il ne peut que l'être puisqu'il donne, outre la langue française, l'allemand qui est encore celle de la majorité des habitants [1].

... Le *Courrier du Bas-Rhin*, qui ne s'alimente que de journaux et de quelques communications officielles faites par la Préfecture du Bas-Rhin, continue à suivre une ligne à part ; il ne prétend pas être une feuille d'opposition et, quoiqu'il se rencontre quelquefois avec les journaux de ce genre, il s'en éloigne encore plus fréquemment par la sagesse de ses principes et l'impartialité de ses nouvelles [2]......

On peut apercevoir, après avoir suivi les opérations des Commissions départementales, l'action générale de la censure sur la presse locale. S'exerçant au moment essentiel où les feuilles commerciales se transformaient en feuilles politiques, elle brisa dans son ensemble cet essor déjà si fécond et si varié ; seuls, les journaux les mieux organisés purent résister et conserver la marque originale qui leur assurait une influence efficace. Le développement de l'esprit public s'en trouva singulièrement retardé et ce mouvement à peine ébauché de décentralisation

1. Rapport du 29 juin 1820.
2. Rapport du 6 septembre 1820. Cf. les rapports analogues des 1er octobre 1820, 2 février et 3 avril 1821.

profonde brisé cette fois encore dès ses débuts. Mais, en même temps, les agents actifs de cette renaissance provinciale, rebutés de la polémique ouverte dans les périodiques, se jetèrent dans la propagande occulte des sociétés secrètes. L'application de la censure vint ainsi hâter l'éclosion des conspirations qui éclatèrent dès l'année suivante.

CHAPITRE IV

LA FIN DE LA CENSURE

Relâchement dans le fonctionnement régulier de la censure. — Ajournement du Conseil de surveillance. — Changement dans le personnel de la Commission parisienne. — Procédés de la presse pour échapper à l'examen préalable. — Développement des journaux littéraires. — Renaissance de la presse royaliste ultra. — Ses démêlés avec la censure. — Discussion de la nouvelle loi de censure en juillet 1821. — Les ultras contre le ministère Richelieu. — Dépôt en décembre de deux projets de loi sur la presse. — Echec et démission du ministère Richelieu. — Fin de la censure.

Si la censure était parvenue à contenir dans son développement l'éclosion récente de la presse politique, la résistance libérale n'était pas restée sans effet. Elle n'avait pas tardé à lasser par sa lutte quotidienne les Commissions les plus décidées. L'exercice de l'examen préalable exigeait une attention si soutenue qu'il avait suffi pour l'entraver des dispositions hostiles de la plupart des journalistes. Le mécanisme prévu par la loi du 31 mars s'était vite relâché, avait perdu toute la régularité nécessaire à son fonctionnement. Les rapports des Commissions au Conseil de surveillance étaient devenus plus rares, avaient fini par disparaître ; et le Conseil lui-même, cédant au mouvement unanime, avait cessé de tenir un registre de ses décisions et de ses actes. La Commission parisienne fut la première à donner l'exemple ; les Commissions départementales, formées plus tardivement, persistèrent plus longtemps, puis s'abstinrent à leur tour de communiquer à Paris leurs opérations. Dès la fin de 1820, le Conseil de surveillance s'inquiétait de ce relâchement général qui risquait de compromettre les résultats obtenus jusque-là. « Le Conseil se plaint, écrivait Portalis au baron Mounier, de l'inexactitude de la correspondance des Commissions de censure et il est à craindre que ses membres ne répugnent à continuer leurs fonctions si les rapports que les Commissions de censure ont avec lui deviennent tout à fait nuls. Cependant l'action de ce Conseil me paraît fort importante à conserver surtout dans les circonstances actuelles ; il peut devenir fort utile lorsqu'on désirera donner aux Commissions de censure une direction et des avertissements qu'elles ne pourraient recevoir directement du gouvernement sans inconvénient. Ces motifs vous détermineront, sans doute, Monsieur le baron, à donner à ces Commissions, à commencer par celle de Paris, de nouvelles instructions, propres à exciter leur zèle et leur exactitude [1]. » Trois mois après les mêmes plaintes se renouvelèrent : « Le Conseil de surveillance, écrit le 15 mars 1821 le président à Portalis, ne croit pas devoir différer plus longtemps à vous informer que, depuis plus de quatre mois, aucun des rapports hebdomadaires, prescrits à la Commission de censure de Paris par l'article 19 de l'ordonnance du Roi du 1er avril 1820, n'est parvenu au Conseil de la part de cette Commission. Le Conseil ignore le motif qui a pu le priver pendant si longtemps de la correspondance de MM. les censeurs de Paris, ainsi que le degré d'importance que le gouvernement peut mettre à cet égard à l'exacte observation de l'ordonnance précitée ; il a dû se borner à vous déférer le fait qu'il appartient à votre sagesse d'apprécier. » Ces réclamations n'eurent pas plus de résultat que les premières ; Portalis constatait encore au mois d'août le silence persistant des censeurs parisiens : « J'ai remarqué, écrivait-il au directeur de la police, que la Commission de censure de Paris n'envoie plus de rapports ; cependant je crois que, loin de circonscrire les attributions du Conseil de surveillance, il serait à propos dans les circonstances actuelles de lui donner plus de ressort et d'activité. Peut-être le meilleur moyen d'y parvenir serait-il que le Conseil de surveillance écrivît une circulaire aux Commissions de cen-

1. Lettre du 16 décembre 1820.

sure pour stimuler leur zèle et leur exactitude dans les communications qu'elles doivent lui adresser [1]. »

La conséquence de cette abstention fut d'enlever au Conseil de surveillance toute sa raison d'être en le privant de ses éléments de discussion. Pendant le cours de 1820, il avait tenu chaque semaine une séance régulière. On voit, au contraire, en 1821, ses réunions s'espacer de plus en plus, jusqu'au moment où les membres jugèrent inutile de s'assembler de nouveau. A partir de février, il se contente d'une séance par mois. Le 15 avril, il s'ajourne « à la première convocation à domicile » ; il se réunit encore le 15 mai et le 26 juin. Cette séance du 26 est la dernière dont les procès-verbaux fassent mention ; la suivante est remise « au jour qui sera ultérieurement désigné ». Aucun renseignement ne permet de suivre au-delà l'action du Conseil sur l'exercice de la censure. L'organisation fixée par la loi du 31 mars semble s'effondrer d'elle-même ; les Commissions locales s'affranchissent de toute tutelle et de toute surveillance.

Cette absence de rapport pour toute la fin de ce régime de censure ne doit pas faire supposer que les journaux, à Paris notamment, recouvrèrent, dès ce moment, leur indépendance. L'examen préalable se maintint ; les Commissions continuèrent à fonctionner avec non moins de rigueur dans leurs suppressions ; mais il devient dès lors impossible de suivre dans son détail leur travail journalier ; c'est du dehors seulement, par les renseignements extérieurs, qu'on en peut apercevoir les traces. L'histoire de la censure se confond avec l'histoire générale de la presse.

Au sein de la Commission parisienne, quelques modifications s'étaient produites. Successivement cinq membres avaient donné leur démission : le docteur Pariset, l'académicien Auger, longtemps rédacteur aux *Débats*, l'abbé de Cherval, Raoul Rochette, professeur à la Sorbonne, le littérateur Rote de Rugent. Ils avaient été remplacés par : Rousselle, inspecteur d'Académie,

1. Lettre du 22 août 1821.

Vanderbourg, membre de l'Institut, Briffaut, Pain et Lachaize, auteurs dramatiques [1].

Jusqu'à la fin de 1820, ce fut contre la presse libérale que continua de s'acharner la Commission parisienne ainsi transformée. Deux brochures de protestations énergiques témoignent de cette persévérance à poursuivre sans répit les feuilles qui s'obstinaient à résister au système de répression. A la suite des incidents qui avaient marqué le passage des députés de gauche dans les régions de l'Ouest, M. de Kératry publia, sous forme de *Documents pour servir à l'histoire de France en* 1820 [2], une série d'articles refusés, destinés au *Courrier français*, qui mettaient à jour les efforts des censeurs pour dissimuler les ovations libérales. Peu de temps après, en novembre, un des membres les plus actifs de l'opposition, Evariste Dumoulin, s'élevait à son tour, dans une *Lettre sur la censure des journaux et sur les censeurs* [3], contre le régime de la Commission. Le tableau qu'il dressait des suppressions faites au *Constitutionnel* appuyait sa protestation sur des chiffres précis :

Avril.	7.578	lignes supprimées
Mai.	3.687	» »
Juin.	4.713	» »
Juillet	6.393	» »
Août.	4.563	» »
Septembre.	6.910	» »
Octobre	7.024	» »
	40.868	

Depuis quelque temps déjà, les journalistes cherchaient à trouver une voie légale pour échapper en définitive à cette mainmise de la censure. Le régime du 31 mars ne s'appliquait, d'après les termes de la loi, qu'aux feuilles politiques ; tous les périodi-

1. Cf. *Biographie des censeurs royaux*, Paris, 1821, in-8°, 30 p. (Bibl. nat., Lb[48] 2203).

2. Paris, 1820, in-8°, 96 p. (Bibl. nat., Lb[48], 1731).

3. Paris, 1820, in-8°, 100 p. (Bibl. nat., Lb[48], 3239).

ques purement littéraires échappaient à la surveillance des Commissions. L'opposition fut ainsi conduite à donner à ses attaques une apparence de littérature ; elle procéda par allusions, par sous-entendus habiles, par comparaisons évidentes. Les journaux consacrés aux belles-lettres et au théâtre prirent une importance soudaine et l'on vit, en 1821, un essor nouveau de cette presse particulière. A mesure que devenait plus ardue ou plus terne la tâche des quotidiens politiques, ce fut dans les feuilles littéraires que se réfugièrent tous ceux qui ne pouvaient plier leur activité au joug de la censure. Deux de ces recueils, d'inspiration libérale, attirèrent bientôt l'attention. Ce fut d'abord *Le Miroir des spectacles, des lettres, des mœurs et des arts*[1], où s'étaient groupés, depuis février, Jouy, Arnault, Dupaty, Cauchois-Lemaire ; un peu plus tard, en juillet, Grille et Magalon firent paraître un spirituel *Album, journal des arts, de la littérature, des mœurs et des théâtres*[2], dont le succès ne tarda pas à égaler celui du *Miroir*. Les royalistes s'étaient vus forcés de suivre, sur ce terrain, la presse libérale. Ils possédaient déjà d'ailleurs quelques feuilles de ce genre assez répandues. La plus vivante était une sorte de périodique irrégulier fondé par le chevalier de Fonvielle et qui remontait à l'année 1818. Elle s'appelait tour à tour : *Mémoires de l'Académie des Ignorants*, *Le Mercure royal de France*, *Le Parachute monarchique*[3] ; elle se composait de dissertations littéraires ou philosophiques pour combattre les principes des doctrinaires de gauche. A côté de l'entreprise du chevalier de Fonvielle, le retentissement du *Miroir* avait suscité, le 10 mai, une contre-partie royaliste, qui s'intitulait *La Foudre*[4] et paraissait tous les cinq jours. Le même mouvement d'ailleurs se dessinait en province avec *Le Caducée* libéral à Marseille, ou l'éphémère *Furet* royaliste à Toulouse[5].

Le gouvernement aperçut vite le danger ; il fallait empêcher

1. Bibl. nat., Inventaire, Z. 5276. Cf. Hatin, *Bibliographie...*, p. 348.
2. Hatin, *Bibliographie...*, p. 347.
3. *Id.*, p. 342.
4. Bibl. nat., Lc², 1177.
5. Cf. p. 124 et p. 118.

la presse d'échapper, sous le couvert de la loi, à l'examen de la censure. Mais avec le seul texte du 31 mars, la tentative était délicate. Le procédé qui sembla le plus efficace fut de dénoncer en justice, en s'appuyant sur la législation de 1819, tout ce qui pourrait paraître séditieux. C'est ainsi qu'à la fin d'avril *Le Miroir* fut déféré aux assises pour une série d'articles où les allusions trop claires ne laissaient aucun doute sur les intentions de l'auteur. Renvoyée une première fois le 4 mai, la cause fut entendue le 11 ; Dupin défendit la feuille libérale et l'affaire se termina par un acquittement [1]. Cet échec devant les tribunaux obligea le ministère à recourir à une tactique plus déguisée. Par un empiètement progressif, la Commission de censure réclama tout ce qui se rattachait par le fonds aux idées politiques. Elle parvint ainsi à étendre sa surveillance au-delà du cercle que lui limitait la loi. Le périodique du chevalier de Fonvielle notamment put tomber de la sorte sous sa tutelle. Cet abus n'alla pas sans soulever les plus vives réclamations [2]. De Fonvielle prit le parti de s'adresser directement au comte Portalis pour protester contre les prétentions de la Commission parisienne : dans une lettre du 6 mai, il se plaignit des suppressions méticuleuses que les censeurs opéraient sur chacun de ses fascicules ; il dénonçait une sorte d'acharnement contre sa feuille littéraire et s'étonnait de voir la censure royale s'en prendre à une publication qui défendait avec énergie les plus purs principes monarchiques [3].

On pouvait en effet constater dans la conduite de la Commission un changement manifeste, une orientation nouvelle qui s'accentuait de plus en plus. Depuis plusieurs mois elle semblait surtout viser les journaux royalistes. C'était là sans doute la conséquence de l'affaiblissement de la presse révolutionnaire qui laissait maintenant au premier plan les organes extrêmes de la droite. Mais cette attitude tenait avant tout aux modifications

1. Cf. *Procès du Miroir*, Paris, 1821, in-8° (Bibl. nat., Lb^{48}, 2113).
2. Cf. *Pétition de M. Touquet aux deux Chambres sur la censure des journaux*, Paris, 1821, in-8°, 7 p. (Bibl. nat., Lb^{48}, 2205).
3. Arch. nat., BB^{30}, 268.

profondes survenues dans la position des partis politiques [1]. L'application des lois d'exception et les élections sous le régime du double vote avaient donné aux groupes ultras une prépondérance assurée. Elle s'était marquée d'assez bonne heure par la publication de quelques feuilles nouvelles, animées d'un esprit d'intransigeance royaliste. Dès le 1er novembre, deux de ces périodiques avaient fait leur apparition : *L'Etoile* [2], un journal du soir quotidien qui se rédigeait sous les auspices de *La Gazette de France*, et *Le Régulateur* [3], lancé par un publiciste encore peu connu, Sarran, qui s'annonçait comme un des plus ardents champions de la contre-révolution. Au commencement de janvier 1821, un organe plus important, appelé dans la suite à un retentissement plus vaste, *La France chrétienne* [4], vint compléter cette renaissance de la presse monarchiste et religieuse. La victoire des ultras avait eu comme résultat d'exagérer leur prétention et de ramener, sous l'influence de la coterie de Monsieur, un déchaînement de passions qui rappelait les violences de 1816. Dans cette exaltation inconsidérée, le duc de Richelieu et les anciens membres du cabinet Decazes, Pasquier et De Serre avant tout, étaient vite devenus suspects à plus d'un titre. Cette méfiance de la fraction la plus active de la droite n'avait pas tardé à se transformer en une hostilité ouverte et franche, en une opposition aussi véhémente que celle sous laquelle avait succombé Decazes. Dans cette attaque sans ménagement, la presse royaliste, dévouée presque entièrement aux ultras intraitables, avait vu s'élever contre elle la Commission de censure dont le ministère se servait comme d'une arme de défense. Par un revirement naturel, ce fut au tour des partisans les plus convaincus du système de répression de combattre le régime du 31 mars. On vit reparaître tous les procédés employés l'année précédente par les libéraux : publication retentissante d'articles supprimés,

1. Cf. Duvergier de Hauranne, *Histoire du gouvernement parlementaire*, t. VI, p. 210 et suiv.
2. Bibl. nat., Lc², 1172.
3. Cf. Hatin, *Bibliographie...*, p. 347.
4. Bibl. nat., Lc², 1174.

dont le plus grand nombre provenait de la rédaction du *Défenseur* [1], ou pamphlets de protestation contre la censure [2]. Sarran, qui avait dû cesser, faute de cautionnement, la rédaction du *Régulateur*, dénonçait le « despotisme obscur et mesquin » de la Commission parisienne, « incertaine dans ses décisions, capricieuse dans les volontés qu'elle manifeste, toute puissante dans ses attributions clandestines, si faible pourtant... par le peu de consistance de ses membres, la versatilité de ses doctrines et le discrédit général qui frappe son institution provisoire [3] ». Toutes ces brochures d'ailleurs visaient, au-delà de la censure, le ministère lui-même. C'était le duc de Richelieu, De Serre, Pasquier qu'il s'agissait d'atteindre et d'abattre ; on les montrait soutenus au pouvoir par les pires institutions imaginées par Decazes et prêts à tomber sans appui lorsqu'elles viendraient à s'écrouler [4].

C'est au milieu de cette situation critique que, le 9 juin, le ministre de l'Intérieur Siméon vint proposer à la Chambre la prorogation pour un an de la loi de censure qui devait prendre fin avec la session parlementaire [5]. Il montra la persistance de la crise politique, l'exaltation des partis, la nécessité pour obtenir

---

1. Cf. par exemple : *Réflexions sur le discours prononcé par M. le général Donnadieu dans la séance du 8 janvier 1821, par M. le comte O'Mahony. Article qui devait être inséré dans... Le Défenseur et qui a été supprimé en entier par la censure ministérielle*, Paris, 1821, in-8° (Bibl. nat., Lb^{48}, 1883) ; — *Quelques réflexions sur la séance de la Chambre du 24 mai 1821, par M***. Morceau qui devait être inséré dans Le Défenseur et qui a été rejeté par la censure*, Paris, 1821, in-8° (Bibl. nat., Lb^{48}, 2119) ; — *Quelques mots sur les évènements actuels par M. le comte O'Mahony. Article qui devait être inséré dans Le Défenseur et que la censure a mutilé*, Paris, 1821, in-8° (Bibl. nat., Lb^{48}, 2107) ; — *Article refusé au Journal des Débats le 22 novembre* 1821, Paris, 1821, in-8° (Bibl. nat., Lb^{48}, 3350).

2. *De la loi de censure et des conséquences de son adoption*, par M. T. de B., Paris, 1821, in-8°, 14 p. (Bibl. nat., Lb^{48}, 2137).

3. *La censure auxiliaire du Courrier français ou Mémoires pour servir à l'histoire de la bascule ministérielle*, Paris, 1821, in-8°, 64 p. (Bibl. nat., Lb^{48}, 2159), p. 4-5.

4. Cf. *Quelques réflexions sur la police et la censure*, par M..., Paris, juin 1821, in-8°, 18 p. (Bibl. nat., Lb^{48}, 2134).

5. Duvergier de Hauranne, *Histoire du gouvernement parlementaire*, t. VI, p. 350 et suiv.

un apaisement de maintenir les mesures d'exception contre la presse. Ce fut uniquement parmi les membres de la droite que fut recrutée la Commission chargée de l'examen du projet et les deux fractions entre lesquelles se séparaient les royalistes s'y trouvèrent représentées : les ministériels, prêts à accueillir avec faveur les exigences du gouvernement, les ultras, hostiles à la censure et poursuivant en elle le duc de Richelieu et ses collègues. Entre ces deux groupes, le débat fut vif. On convint d'abord de réclamer communication des papiers des censeurs parisiens; mais on se heurta à un refus catégorique de Siméon. Cette obstination finit par donner l'avantage aux adversaires du ministère ; par cinq voix contre quatre, la Commission se prononça contre l'adoption du projet et l'un des ultras les plus intransigeants, M. de Vaublanc, fut désigné comme rapporteur. Le 29 juin, M. de Vaublanc donna lecture de son rapport. C'était un réquisitoire en règle contre le régime d'examen préalable, une attaque véhémente contre la partialité des censeurs, instruments de la dictature et de l'arbitraire ministériels, une diatribe contre la conduite du gouvernement qui préférait prolonger le système provisoire que préparer une loi stable, un statut solide des périodiques. La discussion publique s'ouvrit le 4 juillet. Le rapport de la Commission lui avait imprimé un caractère particulier, bien différent de celui qu'elle avait revêtu en mars 1820 : il s'agissait avant tout cette fois d'un engagement décisif entre les groupes ultras et le ministère Richelieu. Siméon s'efforça de répondre à M. de Vaublanc, de disculper les Commissions de censure et de légitimer, par les arguments ordinaires, le régime de surveillance et d'examen. Puis, tour à tour, De Serre et Pasquier prirent la défense d'une politique imposée par les circonstances et dénoncèrent les manœuvres des royalistes intraitables. Ce fut par une sorte de compromis que se termina le débat ; les ultras acceptèrent et firent passer, malgré l'opposition de De Serre, un amendement de Josse-Beauvoir et de Courtavel, qui limitait l'application de la censure au troisième mois qui suivrait l'ouverture de la session de 1821. Battu sur ce point, le gouvernement se releva en adoptant un article complémentaire de

M. de Bonald qui soumettait à l'examen des censeurs les journaux littéraires. L'amendement visait avant tout *Le Caducée* de Marseille et *Le Miroir* de Paris dont les allusions avaient échappé jusque-là à la censure ministérielle [1]. L'ensemble de la loi, ainsi amendée, fut votée par 214 voix contre 112.

Malgré l'apparence, le ministère Richelieu sortait gravement atteint de cette discussion parlementaire ; elle avait mis à jour l'animosité des ultras et leur désir de poursuivre, sous une direction plus franche, leur lutte contre les idées révolutionnaires. Ce fut pendant les derniers mois du fonctionnement de la censure, un déchaînement de passions et de colères contre Richelieu, une véritable ligue, menée par Corbière et Villèle qui s'étaient séparés du ministère. Pressé par le temps, Richelieu s'était hâté de préparer, avant le terme du délai que la Chambre lui avait accordé, une loi définitive sur la presse ; le 3 décembre, il présenta un double projet : le premier concernait la suppression des délits et comportait une simple modification qui aggravait légèrement la loi de 1819 ; le second établissait la censure pendant une période de cinq ans. La droite s'éleva aussitôt contre l'ensemble du projet avec la même vigueur qu'en juillet et l'attaque, portée à la tribune par M. Delalot, fut si violente que Richelieu se décida, le 12, à présenter sa démission. Une seconde fois, après la chute de Decazes, les ultras triomphaient et la formation d'un cabinet Villèle-Corbière-Peyronnet annonçait une recrudescence de la croisade entreprise contre les menées libérales.

La censure cependant paraissait frappée en même temps que le ministère Richelieu. De nombreux pamphlets dénonçaient les projets déposés en décembre et réclamaient une application plus sévère des pénalités sans examen ni surveillance préalables [2].

---

1. *Pétition présentée par l'éditeur du journal Le Miroir à la Chambre des Pairs*, Paris, 1821, in-4°, 3 p. (Bibl. nat., Lb[48], 2138), contre la proposition de M. de Bonald.

2. Cf. *Observations sur les deux projets de loi relatifs à la liberté de la presse, présentés à la Chambre des députés... dans la séance du 3 décembre* 1821, par M. D. S. J. D. C., Paris, 1821, in-8°, 47 p. (Bibl. nat., Lb[48], 2222).

Une Commission s'était réunie à la Chambre, s'était déclarée contre les textes de lois de l'ancien ministère et avait nommé de nouveau M. de Vaublanc rapporteur. Il s'apprêtait, en janvier, à prononcer un second réquisitoire contre la censure lorsque le Garde des sceaux annonça le retrait des projets de Richelieu.

La presse, durant toutes ces discussions et ces crises parlementaires, s'était senti délivrée du joug des Commissions. Elle voyait s'achever un régime d'oppression contre lequel elle n'avait cessé de s'élever. Martainville, qui, depuis le début, avait résisté dans *Le Drapeau blanc*, exprimait la satisfaction commune dans un court pamphlet de janvier 1822, *Etrennes aux censeurs*[1] : il rappelait, sur un ton d'ironie, la période de résistance et de lutte, la série des poursuites et des procès brisant le développement de la presse quotidienne et il prévoyait pour elle un nouvel essor, au moment où l'avènement des ultras mettait fin à tout ce système de chicanes minutieuses et journalières.

1. In-8°, 20 p. (Bibl. nat., Lb[48], 3355).

INDEX DES JOURNAUX

INDEX DES NOMS DE PERSONNES

ERRATA

Page 38, ligne 5, *au lieu de* : inhabilité, *lire* : inhabileté.

Page 59, ligne 12, *au lieu de* : entetrenu, *lire* : entretenu.

Page 89, note 1, ligne 2, *au lieu de* : Lb^{30}, 1598, *lire* : Lb^{18}, 1598.

TABLE DES MATIÈRES

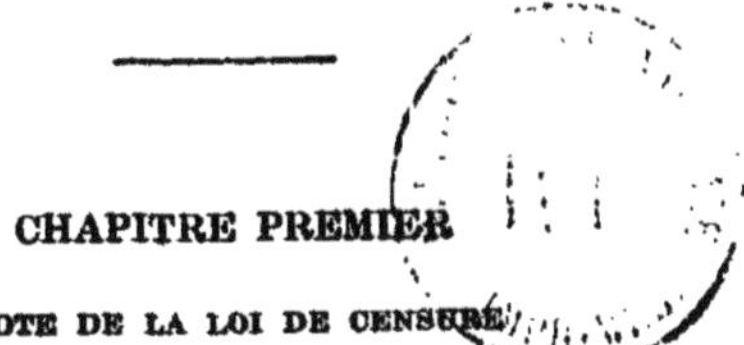

CHAPITRE PREMIER

LE VOTE DE LA LOI DE CENSURE

CHAPITRE II

L'APPLICATION DE LA CENSURE A PARIS

CHAPITRE III

LES COMMISSIONS DÉPARTEMENTALES DE CENSURE

CHAPITRE IV

LA FIN DE LA CENSURE

Abbeville. — Imprimerie F. PAILLART.

BIBLIOTHÈQUE D'HISTOIRE MODERNE

— La Peur en Dauphiné (juillet-août 1789), par [illegible]
in-8° de [illegible] pages [illegible]

— Les Origines des Cultes [illegible]
Mathiez. Un vol. in-8° de 150 pages [illegible] 3 [illegible]

[illegible] des pauvres [illegible]
par [illegible]. Un vol. in-8° de 80 pages [illegible]

— Jacques Collin, abbé de Saint-[illegible]
[illegible] de [illegible] pages [illegible]

— L'[illegible] sous la [illegible]
par [illegible] 4 [illegible]

[illegible]

— La [illegible] Un vol. in-8° de 30[illegible] pages [illegible]

— La [illegible] de [illegible] par [illegible]
[illegible] Un vol. in-8° de 1[illegible] pages [illegible]

— L'[illegible] sous la deuxième République, par [illegible]
Un vol. in-8° de [illegible] pages [illegible]

— Les [illegible] de Lyon (1789), par [illegible]

[illegible] Un vol. in-8° de [illegible]

— Les Clubs de [illegible]

— La Révolution de Février [illegible]

[illegible] 1830 et 1831 [illegible]

[illegible]

www.ingramcontent.com/pod-product-compliance
Ingram Content Group UK Ltd.
Pitfield, Milton Keynes, MK11 3LW, UK
UKHW021126220726
13924UKWH00004B/1921